"现代企业精细化管理"
班组长培训标准教程

班组长 基础管理 培训教程

第2版

杨 剑 水藏玺 编著

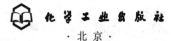
化学工业出版社
·北京·

内 容 简 介

为了便于企业内部培训或培训公司对相关人员进行培训，本书将班组长基础培训分为八个标准模块，主要包括：认清自己的角色与职责、必须掌握的 5 个管理工具、有效管理来源于个人权威、必须精通的 5 种管理方法、必须遵循的 5 项工作原则、必须懂得制订科学的工作计划、必须精通技术和流程，以及如何提升个人与团队素质。

本书每个培训模块都是相对独立的一个知识单元，读者既可以从头到尾阅读，也可以单看一章、一节，甚至一个具体问题的解答。对于已经掌握的知识，也可以直接跳过，或者选择感兴趣的内容进行阅读。

本书适用于企业内部培训或培训公司对企业进行培训，也可供企业员工和管理人员自学参考。

图书在版编目（CIP）数据

班组长基础管理培训教程 / 杨剑，水藏玺编著. —2版. —北京：化学工业出版社，2023.2

"现代企业精细化管理"班组长培训标准教程

ISBN 978-7-122-42574-4

Ⅰ．①班… Ⅱ．①杨…②水… Ⅲ．①班组管理 - 技术培训 - 教材 Ⅳ．① F406.6

中国版本图书馆 CIP 数据核字（2022）第 220399 号

责任编辑：廉　静　　　　　　　　　　　装帧设计：王晓宇
责任校对：赵懿桐

出版发行：化学工业出版社（北京市东城区青年湖南街13号　邮政编码100011）
印　　装：三河市延风印装有限公司
710mm×1000mm　1/16　印张12¾　字数233千字　2023年7月北京第2版第1次印刷

购书咨询：010-64518888　　　　　　　　售后服务：010-64518899
网　　址：http://www.cip.com.cn
凡购买本书，如有缺损质量问题，本社销售中心负责调换。

定　　价：54.00元

目前世界经济竞争有两条路径：一是信息化，另一是工业升级。而工业升级就是"工业4.0革命"。新一轮国际博弈将围绕"工业4.0革命"来进行，"工业4.0革命"是当今大国崛起的必由之路，世界经济和政治版图将因此发生深刻变革！

中国对接"工业4.0革命"的具体措施，就是"中国制造2025"，"中国制造2025"是中国政府实施制造强国战略第一个十年的行动纲领。2016年4月国务院常务会议，通过了《装备制造业标准化和质量提升规划》，要求对接"中国制造2025"。

"中国制造2025"提出，坚持"创新驱动、质量为先、绿色发展、结构优化、人才为本"的基本方针，坚持"市场主导、政府引导、立足当前、着眼长远、整体推进、重点突破、自主发展、开放合作"的基本原则，通过"三步走"实现制造强国的战略目标：第一步，到2025年迈入制造强国行列；第二步，到2035年中国制造业整体达到世界制造强国阵营中等水平；第三步，到新中国成立一百年时，综合实力进入世界制造强国前列。

"中国制造2025"战略落地的关键在人，尤其是处于末端管理的班组长的管理水平，直接决定了中国制造的水准。这套"'现代企业精细化管理'班组长培训标准教程"，就是专门为生产制造企业实现管理转型和提升管理水平而撰写的系列书。该系列书包括《班组长基础管理培训教程》、《班组长现场管理培训教程》、《班组长人员管理培训教程》、《班组长质量管理培训教程》、《班组长安全管理培训教程》，对班组长的综合管理、现场管理、人员管理、质量管理、安全管理的基本方法和技巧进行了全面而又细致的介绍。

这是一套汇集了当前中国企业管理先进的管理理论和方法，并且简明易懂、实操性很强的优秀之作，是企业职工培训的必选教材，也是企业管理咨询和培训的参考读物。我们相信，"'现代企业精细化管理'班组长培训标准教程"的出版，对提升我国企业的管理水平会有积极的推动作用。

（胡俊睿）

（中国航天科工集团）

基层管理是绩效之源、竞争之本。因为企业员工集中在基层，企业管理职能主要在现场，基层是优化企业管理的突破口；产品质量保证主要体现在现场，现场的质量管理是保证产品质量的核心；要有效降低成本，不从班组着手是不可能成功的；同时，大多数企业的事故发生在班组现场，只有提高班组管理水平，才能降低事故的发生率。

班组是企业的细胞，班组长是细胞核，是连接中层管理与员工的桥梁，在企业组织扁平化的今天，越来越多的企业管理者意识到：班组长的作用越来越大，优秀班组建设是现代工厂提升管理效率的重要部分，卓越班组长更是企业不可或缺的人力资源。本书正是为打造企业卓越班组长而撰写，深研读透这部书，按照书中设置的内容强化训练，企业班组长将会成为卓越的基层管理一族。

为了便于企业内部培训或培训公司对相关人员进行培训，《班组长基础管理培训教程》将班组长基础培训分为八个标准模块，主要包括：认清自己的角色与职责、必须掌握的5个管理工具、有效管理来源于个人权威、必须精通的5种管理方法、必须遵循的5项工作原则、必须懂得制订科学的工作计划、必须精通技术和流程，以及如何提升个人与团队素质。

本书每个培训模块都是相对独立的一个知识单元，读者既可以从头到尾阅读，也可以单看一章或一节，甚至一个具体问题的解答。对于已经掌握的知识，也可以直接跳过，或者选择感兴趣的内容进行阅读。

本书是以美的集团股份有限公司、深圳长城开发科技股份有限公司、深圳亿利达商业设备有限公司和某大型军工企业等单位的管理流程和方案为蓝本编撰而成，具有很强的实用性。在本书编写过程中，我们还深入深圳富代瑞科技公司、深圳双通电子厂等中小企业进行了实地考察和讨论，对于他们的大力支持，表示衷心感谢！

本书主要由杨剑和水藏玺编著，在编写过程中，刘志坚、王波、赵晓东、许艳红、黄英、蒋春艳、胡俊睿、吴平新、邱昌辉、贺小电、张艳旗、金晓岚、戴美亚等同志也参与了部分工作，在此表示衷心的感谢！

相信本书对战斗在企业一线的广大班组长或希望成为班组长的骨干员工，都是一本很实用的读物。如果您在阅读中有什么问题或心得体会，欢迎与我们联系。我们的联系邮箱是：hhhyyy2004888@163.com。

杨　剑

2016 年 10 月

第六章 必须懂得制订科学的工作计划 ·········· 107

第一章

认清自己的角色与职责

作为最基层的管理者，班组长要清楚自己在组织中的位置，认知自己在公司中的角色。如此才能真正做好班组管理工作，忠实履行自己的职责。

班组长在职场中对下代表经营者，对上代表生产者，对其他单位代表班组。为此，作为管理者，班组长是"将尾"；作为员工，班组长是"兵头"。

因此，作为班组长，需要建立自己的人际网状结构，以明确班组长在组织中的角色定位。同时，明确自己的工作职责。即班组长要完成的工作目标和任务，以及为达成这一目标所需采取的行动。

第一节 / 班组长在职场中的定位

一、班组长的职场网状结构

班组长在职场中，作为管理者，是"将尾"；作为员工，是"兵头"；相对于其他班组长，是同僚。

班组长面对管理层是执行者，需要不折不扣地完成工作任务；面对下属，班组长首先是领导者，需要确保员工以高度的热情完成工作任务；其次，是指挥者，需要合理调配人力、物力、财力，确保任务的完成；第三，是教练，要能够发现员工工作中的不足，并及时提供正确的指导和培训，以改善他们的工作状况。

面对同级，班组长是合作者，需要站在他人的立场上，了解别人的需要，并尽力提供配合。

因此，作为班组长，需要建立班组长工作关系网状结构（图1-1），以明确班组长在组织中的角色定位。

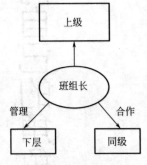

图1-1 班组长工作关系网状结构

二、班组长的职场角色

角色就是指人们对某一职位所期望的一系列行为。班组长作为最基层的管理者，要明确自己在组织中的位置，认知自己在公司中的角色。只有清楚地认知自己所扮演的角色，才能真正做好班组管理工作，忠实履行自己的职责。

1. 班组长角色有什么独特性

班组长的角色是由其在组织结构中的地位和作用决定的。

① 班组长直接负责产品生产或劳动服务。

② 班组长的工作富于操作性和技术性。

③ 班组长处于管理层与员工的中间位置，是管理层与操作层之间的桥梁。一方面班组长代表管理层面对员工；另一方面，班组长代表员工面对管理层。

2. 班组长如何准确把握自己的角色

因为班组长要代表三个立场：对下代表经营者；对上代表生产者；对其他单位代表班组。为此，班组长必须做到以下几点。

（1）了解上级的期望

作为下属，必须清楚地了解上级的指示，以及上级指示的背景、环境和上级的风格。有时候作为下属的你费了很大的力气做某事，但并不是上级所希望的，结果费了力气反而没有达到本该有的效果。

（2）了解下属员工对你的期望

下属员工对上级有以下 6 个方面的期望。

① 办事要公道；

② 关心下属；

③ 明确目标；

④ 准确发布命令；

⑤ 及时指导；

⑥ 分享荣誉。

作为班组长既要了解上级，又要了解下属，才能把工作做得更好。

第二节　／ 班组长的工作职责

一、班组长的工作职能

班组长是指在生产现场，直接管辖生产一线作业员工，并对其生产结果负责的管理人员。根据管理控制的幅度，因企业及行业区别而有所不同，其称呼也有所不同，有组长、班长、领班、拉长等各种称谓。

班组长的职能，就是班组长这个职位所应有的功能和应起的作用。班组长的主要职能有以下几个方面。

1. 计划职能

① 计划本班组的日常工作，进行人力安排，对落实到本班组的上一级计划进行细化。

② 对人、财、物等方面的需求进行预算和落实，以应付未来事态的变化发展，并将情况报告上级，以便及时采取适当的后备措施。

③ 对本班组的工作进行决策，并承担相应的后果。

④ 具体执行企业涉及本班组的计划。

⑤ 就本班组未来的需要，以及这些需要如何满足等问题，和本班组员工及其他部门的班组长进行讨论。

2. 组织职能

① 对本班组人力资源进行调配。在班组内部出现人员空缺或者是当班组规模扩大时，具体参与人员的聘用工作。

② 把自己的班组建设成为一个有效的集体，实现每个员工的工作效能对整个班组贡献最大化。

③ 妥善保管和配置本班组所需要的设备和工具，保证各项补给品和设备量的充足。

④ 创造良好的工作气氛，以使每个员工都能高水平地进行作业和完成任务。

⑤ 明确每个员工的位置和作用，并使其自身也明确这一点。

3. 指挥职能

① 正确指导员工关于工作职能、工作安排，以及他们的工作如何和整个企业进行联系等建立正确的认知。

② 发布工作指令，安排具体工作。

③ 将企业的方针政策和指示对员工进行解释说明。

④ 协助员工解决与工作相关的问题，并接受咨询。

⑤ 与员工保持密切沟通，并向他们提供一些重要信息。

⑥ 运用激励措施，激发员工出色地工作。

⑦ 为了本班组的成绩，必要时采取创造性的行动。

消除员工工作障碍，鼓励以实现目标为宗旨的积极行动，借以促进班组目标的实现。

4. 控制职能

① 对员工的工作表现进行科学评价。

② 建立本部门的工作标准，并使这些工作标准落实到各个岗位。

③ 核对和检查下属的工作。

④ 当违纪行为发生时，采取适当的惩戒性应对措施。

⑤ 就本班组员工的工作表现，以及需要上级部门采取行动的问题，向上级

报告。

⑥ 把成本控制在预算线以内。

⑦ 评价安全状况，落实安全保护制度。

⑧ 为其他部门提供进行协同工作所必需的信息。

⑨ 认真听取员工的建议和意见，并使之转化为工作动力。

⑩ 广开言路，及时处理员工的抱怨和不满。

⑪ 进行准确的工作记录，并在必要的时候报告上级。

二、所有班组长的通用性职责

班组长是基层的管理者，直接管理班组作业人员，是 Q（品质）、C（成本）、D（交货期）指标达成的最直接的责任者。班组长的工作职责主要包括以下几方面。

1. 劳务管理

劳务管理包括人力调配、排班、勤务、严格考勤、技术培训、情绪管理，以及安全操作、卫生、福利、健康、团队建设等方面的管理。其中最重要的是人力调配和排班管理。

2. 生产管理

生产管理涉及现场作业、工程质量、成本核算、工具、材料、机器保养等方面的管理。

3. 辅助上级

班组长应及时地向上级反映工作中的实际情况，并提出自己的建议，做好上级的参谋助手。

在具体工作中，不同部门的班组长，其工作职责不尽相同。目前现实工作中，不少班组长只是停留在通常的人员调配和生产排班上，没有充分发挥出班组长的领导和示范作用。

三、生产车间班组长的职责

1. 认真搞好交接班

① 严格执行《岗位交接班管理标准》。

② 提前 20 分钟到岗位进行各项检查，了解上班生产情况。

③ 认真进行交接班，重要问题要现场交代清楚，当班问题若未处理清，则不能下班。

④ 交班内容：

当班产量、质量完成情况；

原材料使用和库存情况；

产品缴库和存量情况；

工艺条件执行情况；

上下工序与外车间的互相影响；

生产上不正常现象的处理情况；

生产安全及设备存在的问题。

2. 交班前的工作

（1）到各岗位进行巡回检查一次

① 了解生产、设备、岗位卫生、劳动纪律等情况；

② 了解公用工程情况；

③ 了解安全生产情况。

（2）听取各岗位的汇报，并认真做好记录

① 下班前 30 分钟各岗位汇报当班生产情况；

② 按要求做好记录，并做到字迹工整、问题交代清楚。

（3）向企业生产调度汇报

① 下班前 20 分钟向企业生产调度汇报。

② 提前做好汇报准备，语言简练明确，交代清楚。

③ 汇报内容包括：当班生产情况；产量、质量完成情况；工艺条件执行情况；设备运行情况；原材料使用及库存情况；安全生产情况；生产中出现问题的处理；未完成任务的原因；上下工序、车间的影响。

（4）搞好卫生

搞好岗位卫生，做到全方位打扫，不留死角。

3. 接班后的工作

（1）到各岗位巡回检查一次。

协调检查内容如下。

① 布置工作，协调关系；

② 工艺条件执行情况；

③ 各控制点的质量情况；

④ 各岗位记录是否按时，真实记录是否整洁，字体是否达到标准，是否进行

巡回检查；

⑤ 设备润滑、卫生情况；

⑥ 是否有违反劳动纪律现象，对违纪者要进行批评教育；

⑦ 水、电、汽、煤气供应情况；

⑧ 安全生产及不安全因素整改情况。

（2）接班后半小时向总调度进行汇报，并接受调度的询问

① 汇报生产情况，反映生产中存在的问题；

② 解答调度所提出的疑问；

③ 听从调度所下的指令。

（3）每班组要做到各生产岗位巡回检查两次，对查出的问题要及时处理，对班组长解决不了的重大问题，要及时向相关主管领导汇报，并采取有效应对措施，防止事态扩大。

4．做好当班工作

（1）组织好本班组人员的各项活动

① 组织本班组人员定期参加技术学习；

② 定期召开本班组人员会议；

③ 组织本班组人员完成各项临时任务。

（2）做好生产平衡，完成当班任务

① 完成产量、质量任务；

② 搞好上下工序的生产平衡问题。

（3）服从调度的指挥，听从调度的命令，及时完成调度下达的任务。

（4）协助车间主管解决好生产问题，并负责设备检修的交工和试车验收。要对其切实负责，认真做好记录。

（5）做好安全工作，搞好事故管理

① 认真执行各项制度，对违反工艺操作规程及安全生产规程的行为进行制止，直至停止其工作。

② 做好本班组的安全管理工作，避免重大人身、设备、火灾、爆炸事故，减少一般事故。

③ 一旦发生事故立即组织抢救，采取果断措施，防止事故扩大，并及时向有关部门报告。

④ 进行事故调查，召开事故分析，吸取教训。

（6）生产中异常情况处理

生产中出现异常现象，有权建议停车处理，经车间领导或调度同意后，按上级意见执行后续处理工作。

5. 加强自身建设，提高技术、业务水平

① 掌握生产工艺，精通操作，熟悉管理，能处理生产中的问题。

② 了解设备的一般结构、原理，能处理小的作业故障。

③ 搞好生产之间的衔接工作，平衡好上、下工序的生产，加强与调度的联系，搞好生产平衡。

6. 其他工作职责

① 临时情况处理。遇有缺岗情况严重影响生产正常进行时，可根据生产需要调配岗位操作人员，做到周密、细致，并维持正常生产运行。

② 完成车间交办的其他工作任务。

③ 定期汇报工作：

a. 定期向生产负责人汇报工作；

b. 重要问题要及时向有关领导请示。

④ 参加车间调度会：

a. 汇报生产情况；

b. 接受车间所布置的任务。

⑤ 做好日常管理工作。

a. 做好考勤箱的管理；

b. 严格进行日常考勤，不徇私情；

c. 严格请假、销假手续。确保生产岗位人员数量。

⑥ 有权代表车间与企业有关单位联系生产工作。

⑦ 有权处置物料，有权拒绝使用不合格的原料、材料，但经总工程师批示后，应按照批示执行。

⑧ 在用设备发生故障时，有权决定要求修理或换用备用设备。

⑨ 决定系统负荷的升降。在岗位操作允许的范围内，征得调度同意后，有权决定系统负荷的升降。

⑩ 有权拒绝抽调在班人员从事其他活动。

⑪ 有权临时调动本班组的作业人员。

⑫ 有权检查、督促各岗位工作，有权制止违章作业。

⑬ 对本班组人员，有权按规定批准假期。

⑭ 对操作人员具有下列情况之一者，有权提出处理意见，并上报给领导处理。

a. 违章作业不听劝阻者；

b. 不服从调动者；

c．班前喝酒者；

d．因病可能发生事故者。

⑮ 有权召集本班人员开会或组织活动。

⑯ 有权向车间提出奖惩本班人员的建议。

⑰ 有权制止无正当手续的人员进入车间。

⑱ 在车间范围内，有权制止乱动设备的行为。

⑲ 有权拒绝各种违反规定的指令和要求。

四、质管班组长的职责

1．负责处理安排的各项检验工作

检验工作应具体落实到人，确保检验结果的准确性。

2．负责检查任务完成情况

督促小组人员按时完成任务，在必要的时候可进行人员、工作调整。

3．负责审核分析报告单和各种活动记录

承担质量检验责任事故，按时签名。

4．负责处理分析事故

和技术员一起组织调查研究，对事故原因进行分析，召开事故分析会，及时解决或上报。

5．负责检查原始记录台账

定期进行检查，奖罚分明。

6．负责本班组的员工培训

定期组织全班组人员进行业务学习，开展技术竞赛活动。

7．其他方面

① 负责审核小组的出勤、工时、考核、奖金分配，要求每月向全班组人员公布一次，提高班组工作透明度。

② 贯彻执行安全方针、政策，组织开展安全生产、无违章、无隐患事故活动，做到安全生产，杜绝事故发生。

③ 负责与班组相互协商关系，互通情况，共同把好质量关。

④ 负责本班组人员开展全面质量管理活动，并对产品质量问题的处理提出意

见和建议。

⑤ 负责协调本班组人员的工作岗位，批准员工一天内的假期。

⑥ 负责检查本班组人员的工作质量，并提出批评和处理意见。

⑦ 对本班组人员的调动、转正、定组、晋级等提出意见和建议。

⑧ 根据实际情况，对本班组人员的奖金分配提出科学合理意见。

五、维修班组长的职责

① 切实执行设备管理制度及各项规定。

② 掌握生产工艺，熟知主要设备的工艺条件。

③ 掌握和熟悉本车间设备的检修技术规程及有关技术标准。

④ 组织维修人员做好设备的检修工作。

⑤ 定期参加车间组织的设备检查、评级，对设备缺陷，跑、冒、滴、漏及时采取应对措施，予以消除。

⑥ 现场巡回检查下列情况：

设备状况（润滑、密封、腐蚀）；

建筑物状况；

有无泄漏状况；

检修质量及进展状况。

⑦ 负责本班组人员的技术业务学习，提高员工作业素质。

⑧ 负责处理有关报表。

⑨ 有权拒绝违反法令、法律和企业颁发的规章制度的一切指令。

⑩ 有权拒绝检修、安装、验收不符合质量标准的设备。

⑪ 有权对违章操作的员工提出劝阻，对不听劝阻的员工提出批评教育和惩处意见。

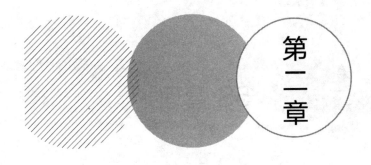

第二章

必须掌握的5个管理工具

　　什么是工具？工具就是劳动器具。这里的工具是指为达到、完成或促进某一事物的手段。这与后面所介绍的方法的含义有交叉性质。

　　方法的含义较广泛，一般是指为获得某种东西或达到某种目的而采取的途径、步骤、手段等。

　　管理工具很多，这里主要对于班组长最为重要的 5S 管理、目视管理、看板管理、六西格玛管理、PDCA 循环进行简单介绍。因为有的内容在其他课程中还将涉及并详细介绍。

第一节 / **5S 管理**

一、什么是 5S 管理

5S 管理是班组长获得最佳现场管理效果的重要工具，是创造整齐清洁的工作人员和工作环境，是减少浪费、提高生产及降低产品不良率最重要的基础工程。

5S 是整理（SEIRI）、整顿（SEITON）、清扫（SEISO）、清洁（SEIKETSU）、素养（SHITSUKE）五个项目，因均以"S"开头，简称 5S。

具体包括如下。

1. 整理

整理就是在工作现场中，区别要与不要的东西，只保留有用的东西，撤除没有用的东西。

2. 整顿

就是把要用的东西，按规定位置摆放整齐，并做好标识进行管理。

3. 清扫

就是将不需要的东西清除掉，保持工作现场无垃圾、无污秽的清洁状态。

4. 清洁

就是维持以上整理、整顿、清扫后的局面，使工作人员觉得整洁、卫生。

5. 素养

就是通过上述 4 个 S 的活动，让每个员工都自觉遵守各项规章制度，养成良好的工作习惯，做到"以厂为家、以厂为荣"的工作态度。

5S 管理能使工作步调紧凑，工作态度严谨，工厂外观、信道、汽车排放整齐。办公室、生产车间、储物车间，从地板、墙板、地上物到天花板，物品井然有序。

5 个 S 之间的关系具体如图 2-1 所示。

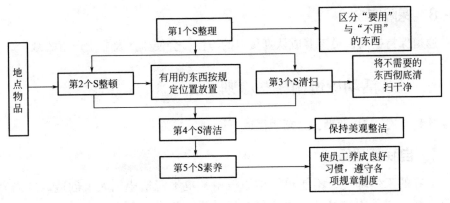

图 2-1　5 个 S 之间的关系

二、5S 活动有哪些作用

执行 5S，对于企业有很多好处。

1. 减少浪费

由于场地杂物乱放，导致其他东西无处堆放，这是一种空间的浪费。

2. 提升企业形象

整齐清洁的工作环境，能够给客户留下好的印象，并且增强自信心。

3. 提高设备寿命

对设备及时进行清扫、点检、保养、维护，能够延长设备的寿命。

4. 降低成本

做好 5 个 S 可以减少跑冒滴漏和来回搬运，从而降低成本。

5. 交货期准时

生产制度规范化，使得生产过程一目了然，生产中的异常现象明显化，出现问题可以立即调整作业，以达到交货期准确。

6. 提高工效

拥有一个良好的工作环境，可以使员工心情愉悦；东西摆放有序，能够提高工作效率，减少搬运作业。

7. 质量保证

一旦员工养成了做事认真严谨的习惯，他们生产的产品返修率会明显降低，提高产品品质。

8. 保障安全

通道保持畅通，员工养成认真负责的习惯，会使生产及非生产事故减少。

三、5S 活动应遵循哪些原则

顺利开展好 5S 活动，必须遵循以下原则。

1. 自我管理原则

良好的工作环境，不能单靠增添设备，也不能指望别人来创造。应当充分依靠现场人员，由现场的当事人员自己动手，为自己创造一个整齐、清洁、方便、安全的工作环境，使他们养成现代化大生产所要求的遵章守纪、严格要求的良好风气和习惯。因为是自己动手创造的成果，也就可以很好地保持和坚持下去。

2. 勤俭节约原则

开展 5S 活动清理出的很多无用之物，其中，有的只是在现场无用，但可用于其他地方。要本着废物利用、变废为宝的精神，该利用的应千方百计地利用，需要报废的也应按报废手续办理，收回其"残值"，不可不分青红皂白地当作废物一并扔掉，防止置企业财产于不顾的"败家子"作风，对于"败家子"应及时制止、批评、教育，情节严重的要给予适当处分。

3. 持之以恒原则

5S 活动开展起来比较容易，可以搞得轰轰烈烈，在短时间内取得明显的效果，但要坚持下去，持之以恒，不断优化就并非易事。不少企业发生过一紧、二松、三垮台、四重来的现象。因此，开展 5S 活动，贵在坚持。

① 将 5S 活动纳入岗位责任制。应将 5S 活动纳入岗位责任制，使每一部门、每一人员都有明确的岗位责任和工作标准。

② 要严格、认真地搞好检查、评比和考核工作。将考核结果同各部门和每一人员的经济利益挂钩。

③ 坚持 PDCA 循环，不断提高现场的 5S 管理水平。即要通过检查，不断发现问题，不断解决问题。因此，在检查考核后，还必须针对问题，提出应对措施和计划，使 5S 活动坚持不断地开展下去。

四、如何在班组具体实施 5S 管理

5S 是创建科学的工作秩序，提高员工的团队意识、行为能力及作业素质，提

升产品品质，降低生产成本，以提升企业形象与效益为目的，简单实用的现代管理方法，是一切现场管理工作的基础。

班组开展 5S 管理要做到以下几个方面。

1. 要让员工知道实行 5S 管理的意义

班组长要做到带领班组成员顺利开展 5S 活动，要让员工深入领会实行 5S 管理的意义。

① 提高员工自身素质，形成良好的工作习惯。

② 创造洁净、安全、舒适、便利的工作环境。

③ 减少不必要的劳动时间，提高整体工作效率，增加员工收入。

④ 赋予员工改善的动机，发掘其创造潜力，给员工提供展示自我的机会和平台。

⑤ 纠正陈规陋习，改变精神面貌，进而提升员工的自身价值。

2. 要让员工知道在 5S 管理中员工的责任

员工在开展 5S 活动中的责任如下。

① 不断整理、整顿、清扫、清洁自己的工作环境及责任区域，按规范制度及时完成工作，维持物流的通畅，环境的整洁。

② 按规定着装，注重自己的仪容、仪表。

③ 正确佩戴和使用劳动保护用品。

④ 按管理程序及时处理不用的物品，避免占用现场空间。

⑤ 将物品、工具及文件放置在所规定的场所，保证消防设施、现场设施、设备清洁及可动性。

⑥ 放置物品、设备必须做好规划，以安全、便捷、合理的方式保管。

⑦ 及时整理整顿工装设备，将现场不需要的物品集中到规定场所。

⑧ 积极参加各项专题活动，发挥主动性、创造性，进行持续改善。

⑨ 配合各级组织，按要求完成上级布置的任务。

3. 班组 5S 的推进要领

（1）整理的推进要领：要与不要，弃留分明

① 现场检查：所在的责任区域进行全面检查，包括看得到和看不到的场所。

② 制定标准："要"和"不要"物品的判别标准。

③ 清除不要物品（设定暂存区域，废弃识别）。

④ 适度定量：调查物品使用情况，规定现场保管量。

⑤ 制定物品废弃条件及处理方法。

⑥ 自我检查：每日巡查，整理现场。

（2）整顿的推进要领：科学布局，取用快捷

① 分析现况：落实整理工作，规划作业流程。

② 物品分类：确定物品放置场所、方法以及标识。

③ 定置管理："定位""定品""定量"。

（3）清扫的推进要领：清除脏污，确保安全舒适

① 管理干部以身作则，人人参与。

② 建立清扫责任区，责任到人，不留死角。

③ 清扫、点检、保养有效结合。

④ 杜绝污染源，建立清扫机制，形成规范。

（4）清洁的推进要领：形成制度，保持成果

① 落实前面 3S 工作。

② 监督管理，推进 5S 活动标准化。

③ 制定评审方法与奖罚制度。

④ 高层主管亲自选定样板场所，坚持定期监督检查。

（5）素养的推进要领：贯彻到底，养成习惯

① 持续推动前面 4S 至习惯化。

② 制定共同遵守的各项规则、制度。

③ 制定礼仪守则。

④ 教育培训，尤其是加强新员工职前教育。

⑤ 推动各种精神提升活动（如早会、礼貌活动等）。

（6）安全的推进要领：安全隐患，彻底消除

① 彻底识别现场危险要素。

a. 危险物品；

b. 危险工装设备；

c. 危险场所环境。

② 杜绝危险行为。

③ 进行安全警示，形成安全制度。

5S 是一种习惯，只有将外在的、强制性的要求，转化成为员工主动、自发的行为（规定成为意识，习惯引导行为），才能形成良好的素养。因此，企业班组必须将 5S 持续化、生活化、习惯化，完善经营体系，构建学习型组织，提升全员素质，形成"迎接挑战、不断创新、追求卓越"的优秀企业文化。

第二节 ／ 目视管理

一、什么是目视管理

1. 目视管理的含义

所谓目视管理，就是利用形象直观、色彩醒目适宜的各种视觉感知信息来组织现场生产活动，达到提高劳动生产率目的的一种管理方式。如图 2-2 所示，在特定地点设置小心触电警示标志就是典型的目视管理。

图 2-2　小心触电警示标志

2. 目视管理的基本要求

① 统一。即目视管理要实行标准化，消除五花八门的杂乱现象。

② 简约。即各种视觉显示信号应易懂，一目了然。

③ 鲜明。即各种视觉显示信号要清晰明了，位置适宜，现场人员都能看得见、看得清。

④ 实用。即不摆花架子，少花钱、多办事，讲究实效。

⑤ 严格。即现场所有人员都必须严格遵守和执行有关规定，有错必纠，赏罚分明。

二、目视管理的实施方式

目视管理与其他管理方法相比，具有的特点是：目视管理形象直观，容易识别，简单方便，传递信息快，提高了工作效率；信息公开化，透明度高，便于现场各方面人员的协调配合与相互监督。另外，目视管理能科学合理地改善生产条件和环境，有利于产生良好的生理和心理效应。

以图表、图画、象征等作为目视管理的辅助工具，可以轻易达到认知、警告、判断、行动等功能；而负责信息传递的人，将信息转化成图表、照片、图画、标志，再加上文字批注，将更容易进行解说，使相关人员能理解所传达的内容，达到信息共有化、问题透明化，让有关人员能够进行正确判断，采取有效行动，因此，如何活用信息以便顺利解决问题，是目视管理的关键。目视管理的实施方式如下。

1. 强化默契实施

工厂管理应该由基层做起，当基础稳固时，领导者应该出示明确方针，在全员理解、认可基础上，集结全员力量，建立全员参与体制。

2. 5S 运动推动

实施 5S 运动，必须明确责任分担，从而具体实施，特别是遵守既定规则的修养是非常重要的。

3. 流程流向改善

进行流程系统再整备后，目视管理体制非常重要，因此必须扩大视野，井然有序整理系统。

4. 放置场所规划

应该一边减少管理，一边明确物品放置场所，尽量减少库存，建立一体化生产管理体系。

5. 突发状况的掌握

对突发状况的定义和判断基准，应该进一步明确化，管理方法应更加具体化，使人一目了然，同时根据不同要素、不同功能明确化，并且在对突发状况处理方法规则化、手册化的同时，应进行异常处理训练及努力培养人才。

6. 管理看板的制作

各现场对预定、实绩图表、作业管理看板等制作，应建立科学的管理体制。

7. 创造整体气氛

创造整体气氛非常重要，对于怎样推动一目了然的管理，必须按功能设置不同的责任部门和责任者，一边用具体教材进行教育，一边实践一目了然管理。

三、目视管理的实施手段

常见的目视管理手段有标志线、标志牌、显示装置、信号灯、指示书及色彩标志等。以下列举了区域划线、物品的形迹管理、安全库存量与最大库存量、仪表的正常异常标示等目视管理实例的实现办法及产生的作用。

1. 区域划线

（1）实现的方法

① 用油漆在地面上刷出线条；

② 用彩色胶带贴在地面上形成线条。

（2）产生的作用

① 划分通道和工作场所，保持通道畅通；

② 对工作区域进行划线，确定各区域功能；

③ 防止物品随意移动或搬动后不能归位。

2. 物品的形迹管理

（1）实现的方法

① 在物品放置处画上该物品的现状；

② 标出物品名称；

③ 标出使用者或借出者；

④ 必要时进行台账管理。

（2）产生的作用

① 明示物品放置的位置和数量；

② 物品取走后的状况一目了然；

③ 以防需要时找不到工具的现象发生。

3. 安全库存量与最大库存量

（1）实现的方法

① 明示应该放置何种物品；

② 明示最大库存量和安全库存量；

③ 明示物品数量不足时如何应对。

（2）产生的作用

① 以防过量采购；

② 防止断货，以免影响生产。

4. 仪表正常、异常标示

① 实现的方法。在仪表指针的正常范围上标示为绿色，异常范围上标示为红色。

② 产生的作用。使工作人员对于仪表的指针是否处于正常范围一目了然。

5. 5S 实施情况确认表

（1）实现的方法

① 设置现场 5S 管理责任区；

② 设计表格内容：责任人姓名、5S 实施内容、实施方法、达到的要求、实施周期、实施情况记录。

（2）产生的作用

① 明确职责，明示该区域的 5S 责任人；

② 明确要求，明示日常实施内容和要求；

③ 监督日常 5S 工作的实施情况。

四、班组常用目视管理方法

目视管理的方法很多，以下是班组一些很常用的目视管理方法。

① 用小纸条挂在出风口，显示空调、抽风机是否在正常运行。

② 用色笔在螺钉、螺母上做记号，确定固定的相对位置。

③ 关键部位给予强光照射，引起注意。

④ 以顺序数字表明检查点和进行的步骤。

⑤ 用图片、相片作为操作指导书，直观易懂。

⑥ 使用一些有阴影或凹槽的工具放置盘，使各类工具、配件的放置方法位置一目了然，各就各位。

⑦ 用"一口标准"的形式指示重点注意事项，悬挂于容易看到的位置，便于员工正确作业。

⑧ 以图表的形式反映某些工作内容或进度状况，便于员工了解整体工作情况和跟进确认。

⑨ 设置"人员去向板"，方便安排工作等。

班组目视管理检查见表 2-1。

表 2-1　班组目视管理检查表

现场名		检查者		
	检查项目	检查方法	评价	序号
整理与整顿	①通路是否确保畅通？	确认通路的标示		1
	②不要品、不良品是否有区别？	确认不良品放置板		2
	③各现场的标示有无？	确认现场的标示		3
	④在通路上有无纸屑等脏物？	观察通路、现场		4
	⑤是否遵守 5S 的时间？	日常例行工作计划表		5

续表

现场名		检查者		
检查项目		检查方法	评价	序号
物料管理	①材料、部品放置物有无标示？	确认放置场的标示		6
	②能否知道物料的过剩或不足？	调查物料管理表		7
	③有无老化的物料？	老化管理对象品		8
工具管理	①工具的整理、整顿是否好？	观察放置场		9
	②有无工具管理台账？	调查管理台账		10
	③工具管理状态如何？	观察工具架		11
	④现场是否放有不同的工具？	调查作业现场		12
人员管理	①是否维持了出勤率？	调查出勤管理表		13
	②是否进行了必要的教育？	调查教育记录		14
	③离开工作现场的人员去向是否清楚？	确认不在者		15
作业管理	①现场的整理、整顿如何？	调查作业现场		16
	②是否根据作业标准书进行作业？	调查作业标准书		17
	③安全卫生状况如何？	调查劳动灾害率		18
交货期管理	①能否掌握与预定交货期延误了多少天？	确认进度管理表		19
	②作业者是否知道预定的交货日？	向作业者调查		20
	③延期生产状况如何？	延期生产管理表		21
质量管理	①质量保证系统是否确立？	调查质量手册		22
	②有无QC工程表、作业标准书？	调查标准资料		23
	③是否了解不良率的推移情况？	调查不良率图表		24
	④计测器的制度管理如何？	确认计测器		25
	⑤投诉发生的推移情况如何？	调查投诉发生图表		26

评价标准：
5分：非常清楚；4分：清楚；3分：普通；2分：不很清楚；1分：不清楚

第三节 / 看板管理

一、什么是看板管理

看板就是表示出某工序何时需要多少数量的某种物料的卡片，又称为传票卡，是传递信号的工具。

看板最早出现在丰田公司的生产管理中。广义的看板，是管理可视化的一种表现形式，即对数据、情报等状况一目了然地表现出来，主要是对于管理项目，特别是情报进行透明化管理活动。简而言之，凡是能够用眼看而且用于显示生产管理活动信息的板状物都可以是看板，如车间宣传栏、光荣榜等。

我们常说的看板是指 JIT（准时制生产方式）生产看板。这种看板是专用于生产线的，是用来控制生产现场生产排程的工具，使用范围相对较窄，可以称为狭义的看板。

看板上的信息通常包括：零件号码、产品名称、制造编号、容器形式、容器容量、看板编号、移送地点和零件外观、生产时间、生产方式、生产线名等中的几项。

看板管理是 5S 管理的一个基本手法，是现场进行目视管理的主要工具。看板管理主要是为增强信息交流和现场控制，在作业现场实施的管理方法，看板的内容应丰富多彩，这样有利于激励和信息交流；而目视管理是为了迅速传递信息，形象直观地显现问题。

看板管理把工厂中潜在的问题或需要做的工序显现或写在一块表示板上，让任何人一看表示板就知道出现了何种问题或应采取何种措施。看板管理需借助一系列手段来进行，比如告示板、带颜色的灯、带颜色的标记等，不同的表示方法带有不同的含义，在生产过程中对作业进行提示或警示。

班组看板管理责任者为基层班组长，班组看板有区域分担图、清扫责任表、小组活动现况板、设备日常检查表、变更点管理、作业指导书、个人目标考核管理、班组管理现状报表、物品状况板等。

在班组推行现场看板管理，可充分做到"分工明确""事事有人管""日清日毕"，使每名职工对每天工作内容、生产进度安排、每项工作分工等情况一目了然。

二、现场看板的种类

按看板在现场的使用途径和目的，看板可以分为现场看板及行政看板两大类，其下又可细分，具体见表 2-2。

表 2-2　看板的分类与内容

类别	细分类	具体内容
现场看板	管理看板	计划看板 现况看板 制度看板 工程看板 现场布局看板
	标识看板	状态看板 标示看板 区域看板 标识看板 标记看板
	宣传看板	宣传栏看板 宣传画看板 班组学习园地看板
	安全看板	安全标示看板 安全警示看板 用电指示看板
	专用看板	特别设置的生产看板，如 JIT 生产用看板
行政看板	生活看板	洗手间标记看板 开水房标记看板 垃圾处理处看板
	杂务看板	请随手关门看板 小心地滑看板
	迎宾看板	欢迎标牌看板

三、各类看板的使用方法

看板有若干种类，因而看板的使用方法也不尽相同。如果不周密地制定看板的使用方法，就无法正常生产。如图 2-3 所示，在使用看板时，每一个传送看板只对应一种零部件，每种零部件总是存放在规定的、相应的容器内。因此，每个传送看板对应的容器也是一定的。

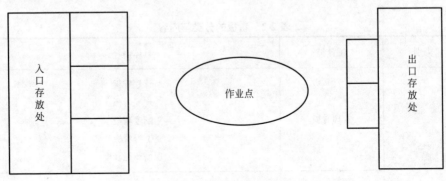

图 2-3　看板的使用方法

1. 工序内看板的使用方法

工序内看板的使用方法中最重要的一点是看板必须随实物，即与产品一起移动。后工序来领取中间品时，取下挂在产品上的工序内看板，然后挂上领取用的工序间看板。该工序按照看板被摘下的顺序，以及这些看板所表示的数量进行生产，如果取下的看板数量变为零，则立即停止生产，这样既不会延误，也不会产生过量的存储。

2. 信号看板的使用方法

信号看板悬挂在成批制作出的产品上面。如果该批产品的数量减少到基准数时就取下看板，送回到生产工序，然后生产工序按照该看板的指示开始生产。如果没有摘牌，则说明数量足够，不需要再生产。

3. 工序间看板的使用方法

工序间看板挂在从前工序领来的零部件的箱子上，当该零部件使用完后，取下看板，放到设置在作业场地的看板回收箱内。若看板回收箱中有工序间看板，意味着"该零件已被使用，请补充"。现场管理人员定时来回收看板，集中起来后再分送到各个相应的前工序，以便领取需要补充的零部件。

4. 外协看板的使用方法

外协看板的摘下和回收与工序间看板基本一致。回收以后按各协作厂家分开，等各协作厂家来送货时由他们带回去，成为该厂下次生产的生产指示。所以，该批产品的进货至少将会延迟一批次以上。因此，需要按照延迟的批次数，发行相应的看板数量，这样就能够做到按照 JIT 进行循环。

四、班组看板管理主要项目

1. 班组看板建设的核心内容

首先，看板内容要体现班组的核心管理要素，比如安全、学习、绩效、服务等等。看板是班组管理的有力助手，班组管理强调哪些要素、指标，倡导哪些核心观念，就可以在看板上集中体现。

其次，看板是对班组优秀管理模式的固化和展示。由于看板空间有限，应集中体现班组管理中的亮点和特色做法。

再次，看板内容模块要与日常管理结合起来，使之与日常的例会内容融合为一体，否则会形成"两张皮"现象：看板是一套，日常管理是另外一套。那么，看板建设必定会成为班组建设的一项负担。

通常来讲，看板的内容应以下几大模块为主，根据各个班组的管理目标和特征不同，对各要素可有所侧重。

① 班组名片：将班组的基本情况、组织结构图、班组文化等展示出来，这个部分为固定模块，所占比例不超过 10%。

② 上传下达：通知、文件等及时传达。

③ 目标及绩效管理：每月绩效目标、绩效完成情况、绩效改善分析等。

④ 班组人员激励情况：班组之星评选、奖励公示等。

⑤ 班组学习模块：安全目标、安全格言、安全案例分析、风险预控、安全提示。

⑥ 班组文化模块：班组文化故事、班组活动掠影、班组人文关怀、沟通天地、生日祝福等。

2. 班组生产看板管理要素

① 重新排列设备。实行看板管理之前，设备要进行重新排列，重新布置。

② 做好存放处。使加工作业的每个工作地都有两个存放处，即入口存放处和出口存放处。在制品与零部件放在工作地旁，工人可以亲眼看到他们加工的东西，就可以避免过量生产。

③ 看板控制。用看板组织生产只向总装配指示顺序计划，除此之外，不再向其他加工工序指示顺序计划。其他加工工序需要生产什么、生产量多少、何时生产都由看板进行控制和调节。

第四节 / 六西格玛管理

一、什么是六西格玛（6σ）

六西格玛是一种改善企业流程管理质量的技术，以"零缺陷"的完美商业追求，带动质量成本的大幅度降低，最终实现财务成效的提升与企业竞争力的突破。

六西格玛是摩托罗拉公司发明的术语，用来描述在实现质量改进时的目标和过程。西格玛（σ）是统计员用的希腊字母，在统计学上是指"标准差"，6σ即意为"6倍标准差"，在质量上表示每百万个产品的不良品率（10^{-6}）少于3.4。但是6σ管理不仅仅是指产品质量，而是一整套系统的企业管理理论和实践方法。

在整个企业流程中，6σ是指每百万个机会当中有多少缺陷或失误，这些缺陷或失误包括产品本身，以及产品生产的流程、包装、运输、交货期、系统故障、不可抗力等。

6σ管理是保持企业在经营上的成功，并将其经营业绩最大化的综合管理体系和发展战略，它可以使企业获得快速的增长及可观的收益。一般来说，经营业绩的改善包括：市场占有率的提高；顾客满意率的提升；营运成本的降低；产品和资金周转时间的缩短；缺陷率的降低；产品开发加快；企业文化的改变等。据调查，目前绝大多数在业内领先的大型制造企业其运作都在 3 ～ 4σ 的水平，这意味着每百万个机会中已经产生 6210 ～ 66800 个缺陷，这些缺陷将要求生产者耗费其销售额的 15% ～ 30% 来进行弥补。

为达到六西格玛的质量性能，需要一组专门的质量改进方法和统计工具。将这些方法和工具教给一小群称为六西格玛黑带的人，他们全职负责定义、测量、分析、改进和控制过程质量。黑带领导跨职能的员工团队（每个人称为六西格玛绿带）来实现过程质量的突破。六西格玛精英团队确保质量改进项目的重点放在对公司长期的成长和成功影响最大过程上，还通过清除遇到的组织中的障碍来促进改进流程。

二、6σ 管理的执行成员

6σ 管理的一大特色是要创建一个实施组织，以确保企业提高绩效活动必须具备的资源。一般情况下，6σ 管理的执行成员组成如下。

1. 倡导者（Champion）

由企业内的高级管理层人员组成，通常由总裁、副总裁组成，他们大多数为兼职。一般会设一到二位副总裁全面负责 6σ 推行，主要职责为调动公司各项资源，支持和确认 6σ 全面推行，决定"该做什么"，确保按时、按质完成既定的财务目标，管理、领导大黑带和黑带。

2. 大黑带（Master Black Belt）

与倡导者一起协调 6σ 项目的选择和培训，该职位为全职 6σ 人员。其主要工作为培训黑带和绿带、理顺人员，组织和协调项目、会议、培训，收集和整理信息，执行和实现由倡导者提出的"该做什么"的工作。

3. 黑带（Black Belt）

为企业中全面推行 6σ 的中坚力量，负责具体执行和推广 6σ。同时负责培训绿带。一般情况下一名黑带一年要培训 100 名绿带。该职位也为全职 6σ 人员。

4. 绿带（Green Belt）

为 6σ 兼职人员，是公司内部推行 6σ 众多底线收益项目的执行者。他们侧重于 6σ 在每日工作中的应用，通常为公司各基层部门的负责人。6σ 占其工作的比重可视实际情况而定。在 6σ 管理体系中班组长居于绿带地位。

以上各类人员的比例一般为：每 1000 名员工，应配备大黑带 1 名，黑带 10 名，绿带 50~70 名。

6σ 项目主要参与人员的责任和作用如下：最高管理层负责挑选顾问，协调高层管理工作，审批首批黑带，演示 6σ 测量系统，确定关键改善重点，改进项目的进展，建立奖励晋升体系。项目领导负责统筹管理人员的培训，挑选黑带人员，选择实施项目，组织审核、实施奖励和晋升体系。黑带人员和绿带人员协调确认和实施项目，向项目领导报告项目进展和存在障碍，协调对部门经理和员工进行培训。

三、6σ 管理的实施方法

6σ 管理的实施方法一般以"七步骤法"（Seven-Step Method）作为参考。"七步骤法"的内容如下。

1. 找问题

把要改善的问题找出来，当目标锁定后便召集有关员工，成为改善的主力，并选出首领，作为改善责任人，负责制定时间表。

2. 研究现时生产方法

收集现时生产方法的数据，并作整理。

3. 找出各种问题的原因

集合有经验的员工，利用脑力风暴法（Brain storming）、控制图（Control chart）和鱼骨图（Cause and effect diagram），找出每一个可能发生问题的原因。

4. 找出解决方法

再利用有经验的员工和技术人才，通过各种检验方法，找出各解决方法，当方法设计完成后，便立即实行。

5. 检查效果

通过数据收集、分析，检查其解决方法是否有效和达到什么效果。

6. 把有效方法制度法

当方法证明有效后，便制定为工作守则，各员工必须遵守。

7. 检讨成效并发展新目标

当以上问题解决后，总结其成效，并制定解决其他问题的方案。

第五节 / # PDCA 循环

一、什么是 PDCA 循环

PDCA 循环又称为戴明环，是管理学中的一个通用模型，最早由休哈特（Walter A. Shewhart）于 1930 年提出构想，后来被美国质量管理专家戴明（Edwards Deming）博士在 1950 年再度挖掘出来，并加以广泛宣传和运用于持续改善产品质量的过程中。

它是全面质量管理所应遵循的科学程序。全面质量管理活动的全部过程，即质量计划的制订和组织实现的过程，这个过程就是按照 PDCA 循环，不停顿地周而复始地运转。

PDCA 循环是能使任何一项活动有效进行的一种合乎逻辑的工作程序，尤其是在质量管理中得到了广泛的应用。

PDCA 四个英文字母及其在 PDCA 循环中所代表的含义如下。

P（Plan）——计划，确定方针和目标，确定活动计划；

D（Do）——执行，实地去做，实现计划中的内容；

C（Check）——检查，总结执行计划的结果，注意效果，找出问题；

A（Action）——行动，对总结检查的结果进行处理。

成功的经验加以肯定并适当进行推广、标准化，或制定作业指导书，便于以后工作时遵循；失败的教训加以总结，以免重现；未解决的问题应提交给下一个 PDCA 循环中去解决。图 2-4 为 PDCA 循环的基本模型。

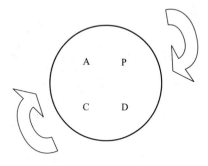

图 2-4　PDCA 循环的基本模型

二、PDCA 循环的特点

1. 周而复始

PDCA 循环的四个过程并非运行一次就完结，而是周而复始地进行。一个循环结束了，解决了一部分问题，可能还有其他问题没有解决，或者又出现了新的问题，再进行下一个 PDCA 循环，以此类推。

2. 大环带小环

如果把整个企业的工作作为一个大的 PDCA 循环，那么各个部门、小组还有各自小的 PDCA 循环，大环带动小环，一级带一级，有机地构成一个运转的体系。

企业每个科室、车间、工段、班组，直至个人的工作，均有一个 PDCA 循环，这样循序渐进地解决问题，而且大环套小环，一环扣一环，小环保大环，推动大循环。

3. 阶梯式上升

PDCA 循环不是在同一水平上循环，每循环一次，就解决一部分问题，取得一部分成果，工作就前进一步，水平自然就提高一步。到了下一次循环，又有了新的目标和内容，更上一层楼。图 2-5 所示为这个阶梯式上升的过程。

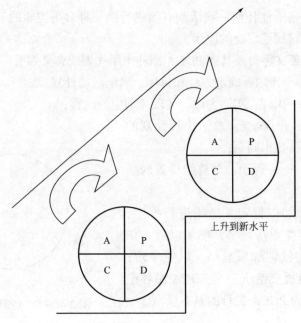

图 2-5　PDCA 循环上升过程

三、PDCA 循环的实施步骤和方法

PDCA 循环的四个阶段又可细分为以下八个步骤。

步骤 1：分析现状，发现问题。

主要方法有排列图法，直方图法，控制图法，工序能力分析、KJ 法、矩阵图法。

步骤 2：分析质量问题中各种影响因素。

主要方法有因果分析图法、关联图法、矩阵数据分析法、散布图法。

步骤 3：分析影响质量问题的主要原因。

主要方法有排列图法、散布图法、关联图法、系统图法、矩阵图法、KJ 法、实验设计法。

步骤 4：针对主要原因，采取解决问题的措施。

回答 5W2H：Why 为什么要制定这个措施？ What 达到什么目标？ Where 在何处执行？ Who 由谁负责完成？ When 什么时间完成？ How 怎样执行？ How much 要花多少时间或其他资源？

主要方法有目标管理法、关联图法、系统图法、矢线图法、过程决策程序图法。

步骤 5：执行，按措施计划的要求去做。

主要方法有统图法、矢线图法、矩阵图法、过程决策程序图法。

步骤 6：检查，将执行结果与要求达到的目标进行对比。

主要方法有排列图法、控制图法、系统图法、过程决策程序图法、检查表、抽样检验。

步骤 7：标准化，把成功的经验总结出来，制定相应的标准。

即制定或修改工作规程、检查规程及其他相关规章制度。主要方法有标准化、制度化、KJ 法。

步骤 8：把没有解决或新出现的问题转入下一个 PDCA 循环中去解决。

四、PDCA 的综合应用

品质管理的基本做法是，在 PDCA 各阶段，持续不断地"重视品质的观念"及"对品质负有责任感"，循环不止，不断改进，不停地前进。PDCA 的综合应用要领如下。

1. P——计划

现场工作的计划，可将其分成两个项目，其一是基准的计划；另一项就是方法的计划，也就是说首先要决定"基准"，然后要"决定达成这个基准的过程及方法"，才是完整的计划。

（1）决定基准（基准计划）

为使现场管理能有效进行，首先需要对各项工作都很具体而明确地规定一个基准，即事先预计一下应达成的基准什么。这个基准必须很明确，最好能用数据表示出来。

例如："外观不良率要保持在 0.2％以下"；"每天生产量不得少于三万个"或"表面疵点每天不得超过三个"。

决定这些具体明确的基准，必须参考公司或上级的方针，尤其重要的是要了解自己部门的工作实力，不要制定得太低，也不要制定得太高，一定要恰到好处，否则就会失去制定基准的原始意义。

（2）拟定达成基准的方法（方法计划）

只是决定一个基准，而不决定达成基准所应具备的做法是远远不够的，这样将很难达成管理的效果。所以除了制定一个明确的基准以外，还必须拟定达成这个基准的过程及做法。这种决定达成基准的方法叫"方法计划"。

拟定现场的各项工作方法是很繁杂的工作，为了便于实施"方法计划"，避免重复计划的拟定，应该建立起"标准书"制度。标准书是活动的规范，是品质管理活动的第一步，也是"方法计划"的基础。

（3）影响工作的标准书

在现场中，最直接影响工作的标准书就是"作业标准"，其主要目的如下。

① 实施正确作业的指示，使作业者了解作业内容及要领。

② 指示作业的顺序。

③ 指示应该注意的事项。

④ 指示使用的机械、工具。

在现场中，有许多重复的作业及工作，可以利用作业标准作为"方法计划"的工具。当然在现场中不是只有"作业标准"，还有其他如检验标准、测定标准也是很重要的工作规范。可见，如果能利用"标准书"作为拟定达到目标方法的工具，生产必能事半功倍，更易于达成预定目标。

2. D——执行

有了周全的计划以后，现场管理者就必须使现场作业人员，能遵照计划明确实施作业，这就是实施的阶段。

① 现场干部为了使计划能够顺利进行，必须以命令的方式使下属遵守标准，进行作业或工作。最重要的是使各项作业都能确实真正依照标准去进行作业。

② 有许多情形，作业者并非不愿意按照标准去作业，而是不知道有标准，或是根本看不懂标准，不了解标准书的内容，自然无法依照标准去实施，在这种情况下，就一定要借教育训练的力量，使作业者能充分了解所制定的标准。

③ 工作时必须确实依照标准去进行，以各种方法使作业者都具有遵照标准作业的意愿，这就是提高品质意识的基础。

3. C——检查

如果现场干部下了命令，每一位现场作业人员也都能如实遵守已制定的标准来实施作业，那么管理已成功了大半，但是事实上并不是这样容易就能维持基准，所以计划开始实施后，就要开始进行"调查工作"，看作业人员是否能够依照规定或命令去实施，实施结果是否能达成"基准计划"所预定的成果。

作为调查的方法很多，而现场干部最方便使用的方法如下。

① 现场干部经常巡视作业现场，调查作业情形，如果发现有异常情况，立刻追查原因。

② 定期检查产品，看是否合乎原来计划的基准，例如，产品的生产量是否与原来规定的一样，产品品质是否按照我们原来的预期，产品生产的费用会不会超出原来所预计的成本。

③ 利用各种数据的统计分析方法，调查作业实施过程，发现现场异常现象。

④ 利用管制图管理现场作业，看是否发生异常现象，以便采取应对措施。

4. A——行动

如果在调查过程中发现没有依照命令实施作业时，应该立刻加以纠正，也就是说立刻采取改善措施，这种改善措施是现场管理最重要的工作。

这种发现了问题点或是异常现象而立刻采取的对策反应，我们称之为应急措施，应急措施虽然是非常重要的一种行为，但是如果只有这种应急措施，就无法使管理做得好和提高效率。

所以，如果要使管理更有效率，或是说使设定基准计划更易于达成，就必须定期进行实施结果的测定，调查实施结果，并检查所获得的成果是否与基准一致。如果没有维持"基准计划"的成果，则追查原因，发掘问题，然后针对问题进行修正"方法计划"的工作，例如变更设备、调动人员、加强教育训练等，主要是除去再发生问题的原因，使同样的问题不会再次发生，一步步地使成果能维持"基准"。这种动作称之为再发防止措施。

第六节　eHR 管理

近年来，随着现代化人才市场竞争的加剧，越来越多的企业逐渐意识到要将人才资源转变为企业的竞争优势，就需要借助现代数字化技术的手段来完善企业的人力资源管理信息化建设，从而真正让员工成为企业信息化建设的重要参与者。

一、什么是 eHR

eHR 是 Electronic Human Resource（电子人力资源管理）的缩写，是基于先进的软件系统和高速、大容量的硬件和先进的 IT 软件基础上的新型人力资源管理模式。通俗地说，就是人力资源管理信息化或自动化。

eHR 软件，是指人力资源电子信息化管理软件。它通过集中式的人事核心信息库、自动化的信息处理、员工自助服务桌面、内外业务协同以及服务共享，从而达到降低管理成本、提高管理效率、改进员工服务模式，以及提升组织人才管理的战略地位等目的。

二、eHR 的主要内容

人力资源是企业发展过程中的核心管理因素。建立信息管理系统是企业发展的必然趋势。人力资源系统可以通过自动化解决企业的管理问题。

（1）基本交易功能模块：人员、考勤、工资、消费、宿舍

在企业的人力资源管理中，需要处理大量的基础事务，如员工调动、考勤统计、工资核算、员工消耗、后勤事务管理等。企业 HR 每天花费大量精力处理繁琐的日常事务，所以 HR 系统包含人员、考勤、工资、消费、宿舍等功能模块，可以实现一键工资或考勤数据自动统计、员工信息档案管理等功能。将这些基础事务实现到系统平台中，可以有效解决企业的事务管理问题。

（2）高级管理功能模块：招聘、培训、绩效、工作流程

在很多企业中，人力资源管理并不局限于事务管理，需要借助系统进一步提升人力资源的价值能力，因此需要包含招聘、培训、绩效、工作流程等功能模块。

招聘管理系统可以提高企业的招聘效率，帮助企业建立人才库；绩效体系可以帮助企业建立绩效指标库，通过不同的考核方案来激励和留住优秀人才；培训系统可以规划员工的成长路线，帮助企业培养更多优秀人才；工作流程管理可以简化交易流程，提高企业运营效率。

（3）战略功能模块：报告分析、人才测评

大型企业的管理是以企业战略为基础。人力资源系统可以记录各种数据。报表分析功能可以提供人力资源数据，帮助企业及时发现问题，为企业制定科学的发展战略提供决策参考。

人才测评的功能是根据人事管理数据、培训数据、考勤数据、绩效数据、薪资数据等对员工进行综合分析，并构建员工能力测评图，从而帮助企业挖掘高潜力人才，进一步为企业培养战略人才。

三、eHR 在基层管理中的应用

作为高效协助人力资源管理优化的数字化技术工具——eHR 系统，是现代企业的信息化建设的首选，而作为 eHR 系统标准功能的"员工自助"，则是真正帮助企业率领员工亲身投入人力资源管理信息化建设中的有效渠道。

eHR 系统中的"员工自助"，能通过信息化手段，将人力资源管理延伸到基层员工，搭建企业与员工直接沟通的桥梁，从而提升人力资源精细化管理水平，推动人力资源管理模式的变革，给企业带来巨大的经济和社会效益。

那么，存在如此优势的"员工自助"，究竟可以从哪几方面来体现它的好处呢？

1. 个人资料

员工的个人信息一般在入职后都会在人力资源部门通过纸质或者是 EXCEL 表格的方式进行保管和维护，所以员工想要查看或者修改自己的个人信息都需要通过 HR 的配合来查询和修改，这往往会花费 HR 比较长的工作时间。

但是 eHR 系统中的员工自助不一样，它能实现班组员工随时随地查询和修改自己的个人信息，不受时间和空间的限制。而且修改后的信息在流程审批后会自动更新，HR 无需再次维护。这有利于保证信息的准确性，同时也能减少 HR 在这些繁琐工作中所耗费的时间成本。

2. 考勤假期信息

目前大部分的企业都是通过打卡机来进行考勤方面信息的记录，因此，当员工想要查看自己的考勤记录时，往往需要 HR 协助来进行打卡记录的查询。而 eHR 系统中的"员工自助"则不同，它能实现员工自主查询打卡记录，不再需要通过 HR 协助这一环节。

以前，当班组长对员工排班情况进行调整时，需要通过人力资源部门这个环节来进行登记，而当信息传达时间长或者传达有误时，就容易导致记录错误或者混乱，从而给员工带来损失。而 eHR 系统，班组长能够通过"员工自助"及时通知员工进行工作调整，员工也能够通过"员工自助"及时获取关于排班、轮班、调班的具体情况，便于做好对自身工作任务的时间安排，防止不必要的延误和损失。

此外，当企业的考勤制度中有与员工相关的年假、福利假时，如果企业没有通知到位，就容易造成员工频繁咨询 HR 人员的现象，有些员工可能还会去人力资源部门询问具体情况，而这往往会耽误 HR 的工作效率，同时对员工的工作心态也有一定的影响。而 eHR 系统中的"员工自助"能够帮助员工自行查询属于自身的各种类型的福利假期，从而更了解企业的休假制度，由此减少因沟通不顺畅导致的企业内部气氛不和谐。

班组长也能够通过"员工自助"了解员工的年假、福利假情况，便于统筹员工休假。

3. 薪资信息

一般来说，员工的薪资情况都需要通过 HR 在规定的算薪日期中核算薪资后才能了解到，而且有些企业并没有给员工发放工资条，因此，当员工对自身的薪资产生疑惑时，就会找 HR 了解自身薪资的具体情况。但当出现大多数员工对薪资有疑惑时，就容易存在员工与 HR 争吵的混乱局面，从而影响企业的工作进程。因此，使用 eHR 系统中的"员工自助"，能够有效阻断此类现象的发生。

企业也可以在系统中通过薪资管理功能给员工发送工资条，而员工通过自助服务功能则能查询到具体月份的工资情况，当有问题时，还能对薪资情况进行申诉，从而避免上述矛盾的产生。

4. 培训信息

传统的企业培训，大多数都是通过线下培训的方式来进行的，而这种方式的培训通常会给员工发放纸质的培训资料或者是文档资料，所以就容易出现纸质资料丢失，文档资料过期的尴尬现象，当员工需要再度翻阅培训资料时，还要倒回去找培训人员。

eHR 系统的培训功能能长时间保存企业培训的资料，无论是 word/ppt/excel 还是视频。当员工想要进行过往资料的回溯时，就可以通过"员工自助"来帮忙。它能让员工看到过往的培训课程，也能查找自己所参加的培训内容。而且员工还能通过它来提出有助于岗位运行的培训需求，申请必要的培训课程，而企业可以通过了解员工的培训需求，继而有针对性地培养更有能力的人才，增强自身优势。

5. 绩效信息

过往，企业的绩效考核大多数都是领导层对员工进行打分评价，以及提出改进意见来进行，员工对于绩效考核的结果没有任何的参与性以及质疑性，导致员工认为绩效考核对于他们来说，只有奖金扣除的坏处，并没有实质性的好处。

eHR 系统则是通过"员工自助"功能来让员工深度参与企业的绩效考核，员工能查看自己的绩效考核结果，还能对自己的表现进行评分，也能对企业的绩效目标或绩效方案提出改进意见。这有利于保证绩效管理的透明性和员工的知情权、参与权，从而让员工拥有更强的责任感、认同感和主人翁意识，继而提高工作积极性与工作效率。

6. 流程

从前，当班组长有关于审批性事务需要审批时，都需要先找 HR 人员拿到相关的纸质资料进行信息填写后，才能找对应的审批人进行审批。而 eHR 系统可以减免该环节，通过"员工自助"，可以实现班组长自主提出事务流程申请，同时审批人也可以通过系统线上处理工作事务来提高企业运转效率。

现在很多人力资源管理一体化综合解决方案提供商，能够开发成熟的产品体系，能全面满足人力资源管理各类型应用场景，并为企业提供覆盖组织人事、考勤、薪资、招聘、绩效等人力资源业务全流程的一体化解决方案，也为基层管理带来了全新的气象。

第三章

有效管理来源于个人权威

班组长要有效地领导下属，得到下属的支持和尊重，就必须要树立自己的权威形象，从而产生"无言的召唤，无声的命令"。

威信是一种众人钦佩、敬仰的声望，是威望和信任两者的结合，是管理者在部属心目中的威望和由威望而产生的信任。

如何树威呢？主要有以能树威、以信取威、以情立威、以才助威、以勤增威、以廉生威、以公助威、以新创威。

目标明确

一、明确目标

目标明确是卓越班组长的一个最重要和最起码的前提。作为一个基层管理者，目标也应非常明确，否则就纯粹是一个糊涂官。

做任何事情最终都要有个目标。大到一个长远的总体目标，小到每天一个目标。量的积累才会有质的飞跃，当每一个小小的目标积累起来，自然就是一个大目标的实现。工作中每个人每天要完成多少任务，这些都是小目标，集中到了一起就可以有了跨越。有目标才会有要求，有要求，才能将事情做好，才不会白白努力，才会走向成功，体会成功的喜悦。

在工作中将一切都透明化，做到心中有数，才会更好地体验工作的过程，从而学到更多的东西。

卓越的班组长要了解部属的期望，了解部属的愿望，所以要列出未来班组的目标，并将目标细化，变成一套详细的计划，所以，当你有明确的目标，有详细的计划，还要看一下你的计划是否可行，你的目标是否矛盾，你的目标是否不合理，你是不是不愿意脚踏实地，所以重新检讨之后，你达到目标的概率会更大。

怎么样达成本班组的工作目标？就是认真做事，全力以赴。同时了解团队的优势和弱项，并且立刻采取行动方案，立刻去改善存在的问题。

目标越明确越好办。班组目标要上通下达，聚沙成塔，定期追踪，及时反馈，以督促及明晰目标的进度；定期向全体人员公布报告；适当的目标追踪和报告，能建立起团队的向心力，给予优秀表现的人以肯定和奖励。

实现目标不能只靠施加压力，将实现目标与施加压力等同起来无助于实现目标，而是应该合理分配目标、追踪目标。

正确的目标管理是统筹兼顾，重视结果，也重视过程，发现并解决过程中的问题。制定目标的 SMART 原则明确不含糊，能使成员明确组织期望他做什么，什么时候做，以及做到何种程度，每一方面的目标数量要有一定的限制。既然组织的资源是有限的，就要将努力集中于最重要的事情上，目标太多会使组织成员无所适从；目标的表述要简明扼要、易懂易记；目标越容易理解，就越容易执行。如果目标无法衡量，就无法检查实际与期望之间的差异，从而无法指导人们不断改进工作，无法使目标的作用落到实处。除了要明确目标内容的具体衡量方法外，目标值不应该用形容词，要尽可能用数字或程度、状态、时间等准确客观表述。目标值应尽可能高而合理，过高或过低都会影响目标作用的发挥。目标必须有起点、终点和固定的时间段，没有确切的时间要求，就无法检验没有时间要求的目标，容易被拖延。一项没有截止期限的目标，常常是一项永远不会完成的目标。

二、准确命令

班组长作为一线的指挥者，发布命令的准确程度，应像机场上的管制员给飞行员发布命令一样的准确，否则容易产生歧义，在命令的传播过程中，必然会出现这样或那样的失误，造成工作事故。

有下面这样一个故事：

一次工程施工中，师傅正在紧张地工作着，这时他手头需要一把扳手。他叫身边的小徒弟："去，拿一把扳手。"

小徒弟飞奔而去。他等啊等，过了很久，小徒弟才气喘吁吁地跑回来，拿回一把巨大的扳手说："扳手拿来了，真是不好找！"

然而，师傅发现这并不是他需要的扳手。他生气地嚷道："谁让你拿这么大的扳手呀？"小徒弟没有说话，但是显得很委屈。这时师傅才发现，自己叫徒弟拿扳手的时候，并没有告诉徒弟自己需要多大的扳手，也没有告诉徒弟到哪里去找这样的扳手。自己以为徒弟应该知道这些，可实际上徒弟并不知道。师傅明白了：发生问题的根源在自己，因为他并没有明确告诉徒弟做这项事情的具体要求和途径。

第二次，师傅明确地告诉徒弟，到某间库房的某个位置，拿一个多大尺码的扳手。这回，很快小徒弟就拿着他想要的扳手回来了。

准确地下达命令，才能更好地让我们去执行命令，也才能更有效率地去完成这项工作。

日常工作当中，很多员工因不能完全领悟上级的意图，而做了很多无用功，结果耽误了工作的进展。所以，班组长还要教会员工能够准确地领悟上级的意图，知道上级让他做事情要达到怎样的结果，在执行上级下达的命令时，要多加思考，不要为执行任务而执行任务，应带着思考去工作。

班组长要将自己的真实想法，通过语言文字清晰地表达出来。对接受能力不强的员工，更要多加留意，使其做到准确领悟工作命令。

当你下发任何一个命令时，最好写下命令所涉及的七个要素——5W+H+L。这样不仅能让自己的头脑中有个清晰的结构，更能锻炼自己出色的管理能力。

①Why：指命令中的目的、用意、理由、背景等；

② Who：指命令所涉及的主体、客体及人物；

③ When：命令执行的日期、时刻、状况；

④ Where：指执行命令时所涉及的场所；

⑤ What：指命令所涉及的对象、内容和事项；

⑥ How：指完成上级命令所用的手法、手段；

⑦ Love：指执行命令中所使用的感情，如"请……""祝……"等。

如此，便可让自己准确下达命令，也能让部属真正了解工作意图，对任务的完成具有十分重要的意义。

第二节 / 知人善用

一、知人善用，发挥成员才能

班组长的管理方式应该具有灵活和多样性，根据员工的工作态度和工作能力采取不同的方法进行管理。在用人和管人的时候不能"一刀切"，只用一种方法管理所有员工的工作方式是行不通的。

1. 知人善用，合理安排

在企业中，员工只有在合适的工作岗位上，才能最大限度地调动自己的主观能动性，充分发挥自己的工作能量，才能为班组创造最佳的业绩。而一位卓越的班组长只有掌握了"知人善用"的用人之道，对每位员工"量体裁衣"，把员工配置在最适宜的工作岗位，才能为班组成员的"人尽其才，才尽其用"创造良好的条件。

2. 看菜吃饭，因人而异

俗话说：人上一百，形形色色。在一个班组里，员工们的年龄、文化程度、技术水平、性格特点和精神面貌等也都不尽相同。班组长作为班组的管理者，应该灵活运用管理方式，针对员工的特性进行弹性管理。在注重工作能力的同时，也要注重员工的工作态度。

在工作中，如果按工作能力与工作态度分类的话，可以把员工划分为以下 5 大类。

① 能力强同时积极的员工。这类员工是班组工作中的骨干，也是班组展开工作的核心力量。所以你应十分重视这部分员工。对这类员工的良好表现要予以表扬和肯定，并给予奖励，发挥他们的表率作用，将之树立为班组工作的榜样。

② 能力强但积极性不强的员工。对于这样的员工，你应该找出他们缺乏积极性的原因，不同的人，工作态度不良的原因也不一样，要对症施药。

③ 能力弱但积极性强的员工。这类员工一般都比较忠实，班组长应该为他们提供更多的培训机会，帮助他们成长，提升他们的专业技能。

④ 能力和积极性都一般的员工。在班组中，这类员工比例最多，你应该把管理的重点放在这类人身上。通过制订新的工作计划和目标、加强业绩考核、加大奖罚力度等方法来调动员工的工作积极性。还应该制订专业培训计划，适时搞些班组业务比赛，请老员工传授经验等方法，来提高员工的业务水平和工作能力。

⑤ 能力低工作态度又恶劣的员工。对这类员工要注重其思想教育，要利用群体的影响力去改变他。如果收效不大，可以果断调岗或报请上级将其辞退。

二、培养下属，发挥团队力量

员工的培养是企业发展的关键，如果一个班组长做不好培训工作，就无法获得更强的班组竞争力。所以，作为一名班组长，在工作的时候一定要狠抓班组员工的培养，只有大力培养，才能多出人才。

1. 端正员工学习态度

对员工来说，培训不仅能够使员工更好、更快地掌握新的操作技能和方法，还可以使员工通过提高自己的工作能力来增强竞争力，从而更好地在企业中立足和发展。作为一位卓越的班组长，要了解那些与自己朝夕相伴奋战在生产第一线的班组员工们的辛苦，在繁重工作之余还要抽出时间参加培训，员工们很有可能会产生抵触情绪。

员工们不愿意参加培训的关键因素不是劳累、时间紧张和精力不够，是员工认为培训不是多么重要的事情，甚至以为培训是走过场，与自己没有太大的关系，这才是造成员工排斥培训的主要原因。班组长要纠正员工们参加培训的态度，要让员工真正认识到，培训是为他们创造学习和提高的机会，从而让员工由被动接受培训，变成主动接受、积极参与。要让员工觉得参加培训是学习和提高的机会，而不是负担。

2. 对待新员工培训更要严格

班组新进员工是班组员工中的新生力量，新员工的培训是否合理有效，对班组长来说是极为重要的一项工作内容。由于新员工不少是刚从学校进入社会的年轻人，纪律性较差，个性较强。从工作表现来看，新员工一般都比较自由散漫，而且比较主观，不服说教，所以班组长在对新员工培训时，不仅要全面，而且更要加大对新员工的培训力度，使之养成良好的学习习惯。

班组长要想成功地对新员工进行培训，还必须对每一个培训细节进行精心规划。班组长不能因为担心新员工接受不了这么多新知识而放松要求，造成新员工培训只是走过场的现象。对新员工进行培训的同时，不能放松对新员工思想素质的培养。新员工技术水平和操作技能，可以通过培训学习和生产实践逐步提高，但要提高新员工的思想素质，除了利用培训的手段以外，还需要班组长从日常生活的点点滴滴做起，对新员工进行教育引导。

3. 培训必须注重成效

班组长对员工培训结束后，要对员工的培训进行考核和评估，考核成绩和评估的结果，可以部分反映出员工掌握理论性培训内容的程度。但是一位卓越的班组长不会把考评培训实效的重点放在培训成绩和评估结果上，培训的最终目的在于通过培训改善员工的工作态度、技能、方法来提高工作绩效，是否能把所学知识和技能运用到实践中是衡量培训效果的重要指标，换而言之，培训后的工作成果才是考评员工培训的标准。所以，班组长要掌握向培训结果要成果的基本原则，并且实实在在地把培训的结果转变成工作实践成果。

三、加强管理，提高绩效

1. 建立合理的利益分配机制

薪酬制度、绩效考评制度，以及晋升制度是调动员工积极性的三大法宝，它们与每位员工的收益息息相关，一套科学系统的培训计划也是企业提供的福利之一。如果你能让员工感到，在这个企业工作，能获得终身就业能力，能得到尽量全面的能力展示和提升，能得到与付出相对应的合理收益，那么，一点眼前的利益还值得他去追求吗？

现代薪酬制度是："薪酬＝现金收入＋各种福利＋培训计划＋晋升机会＋社会地位"。班组长要依靠这些制度，合理地输血、换血，留住能人，保持班组永续的活力与动力。

2. 奖罚分明，严格执行

建立"奖惩制度"是管理的手段之一，其目的在于"奖励积极努力、业绩突出的 A 类员工，培训指导迷茫、摇摆的 B 类员工，坚决处理屡教不改的 C 类员工"。当一切防治手段都使用后，仍然出现员工违规事件，这时，班组长就该以事实为依据，以"奖惩制度"为准绳，把握尺度，严肃处理所发生的事件。

3. 建立合理的激励机制

激励是提高执行力最有效的方法之一，以下几类激励是常用的激励方式。

① 听觉激励：中国人喜欢把爱埋在心里，如果你想赞美下属，就一定要说出来。

② 视觉激励：把优秀员工的照片和事迹在公司内部杂志和光荣榜上贴出来，让大家都看到，以此激励这些获奖者及其他的员工。精神价值其实就是无形资产，有什么理由对创造了无形资产的人不进行奖励呢？

③ 引入竞争：讲团队精神不是不讲究竞争，但竞争又不同于斗争，这样既达到了激励双方的目的，又不伤和气。用爱惜的心态批评下属，指出其错误并帮助他改正，这是一种更令人刻骨铭心的激励。

④ 合理授权：这是最高的激励方式之一，能帮助下属自我实现。但在授权时应把授权内容书面鉴定清楚，授权后要进行周期性的检查，防止越权。

在建立合理的激励机制时，需要避免出现以下两种情况。

a. 考核 A，奖励 B。即对 A 进行严格考核，但把奖励给了实际没被真正考核到的 B，这就是没能区别投机取巧的人所导致的。通常投机取巧的人善于做表面工作，而踏实做事的人反而不擅长这些，结果一考核，踏实的人反而不合格，而投机取巧的人却合格了，奖励就这样被窃取。

b. 只奖励成功者，不奖励失败者。这样的激励机制将会导致"重视结果，不重视精神和思想"，对企业文化是一种挫伤，容易让成功者骄傲，而让失败者更加气馁。

4. 严格执行绩效考核

建立起绩效管理体系以后，严格执行绩效考核，并在绩效考核过程中掌握一些基本原则，设计出结合企业实际情况的绩效考核指标，并掌握绩效考核的全过程。按照以下几条绩效考核原则组织开展考核工作。

① 绩效考核体系应该围绕整体工作计划建立，绩效考核一定不能脱离关键业务，要设计一套关键绩效指标（KPI）。

② 绩效考核体系营造一种机会公平的环境，使大家能在同样的平台上展开公平竞争，并且获得公平的回报。实践中这种机会上的平等，就是必须充分考虑各岗位工作性质的差异，确保大家都能从企业的成长中获得价值。

③ 在绩效考核体系中体现个人与团队的平衡，执行力并不是简单地由个人来达成的，而是由组织来达成的，因此，执行力的强化就必须在个人和组织之间形

成一种平衡关系，既不至于因强调个人英雄主义而削弱了组织的力量，又不至于因强调团队而淹没了个人的特性和价值体现。在实际考核中，要做到部门绩效的提高可使本部门员工受益，个人有突出贡献者能够得到区别于普通员工的奖励，这样就能够鼓励更多的员工为班组整体绩效的提高各尽所能。

第三节　办事公道

一、学会做人

做事先做人，这是自古不变的道理。如何做人，不仅体现了一个人的智慧，也反映了一个人的修养。一个人不管多聪明，多能干，背景条件有多好，如果不懂得做人，人品很差，那么，他的事业将会大受影响。只有先做人才能成大事，这是古训。所以，班组长要想成功，一个重要的因素就在于如何做人。

1. 做一个德才兼备的班组长

在实际工作中，德才兼备的班组长为数不多，大多数是有才无德或有德无才。有德无才的班组长，因为工作能力不强，不能解决生产中的疑难问题，所以也就难以服人；而有才无德的班组长，虽然能力比较强，但因为不会处理与员工的关系，会逐渐拉远与员工的距离，无法给予员工信任感。显然，这两种班组长都不可能成为卓越的班组长。

一个卓越的班组长，不仅要有出色的工作能力，同时应该具有高尚的品德，做到德才兼备。德才兼备的班组长才具有十足的管人资本，"有才"可以使你在技术上领先你的员工，能够更好地指导他们工作；"有德"可以使你赢得员工的尊重和信任，员工就会心悦诚服地接受和服从你的管理。所以说，如果你想成为卓越的班组长，就应该坚持不懈地"德才"双修，不断地通过努力学习，提高业务水平，不断地进行道德修炼，用实际行动打动员工，成为员工喜爱的、支持和信任的班组长。

2. 正人先正己，做班组的榜样和模范

为什么有的班组热情高涨、干劲冲天，而一些班组懒懒散散、毫无生气？很大程度上取决于班组长的表现。如果你是班组中的模范"兵头"，那么你的班组就

会因你而有无穷的战斗力；如果你在班组中总是"拖后腿"，你的员工也会一丝不差地效仿你的表现。

要想让员工成为积极的工作者，班组长首先需要做好自己的那份工作，做好模范的"兵头"，为班组成员树立一个好的榜样，才能感染他们，带领他们创造优秀的团队。班组长做的每一件事，都会被下属铭记于心。如果你消极怠工，不安心于工作，那么下属自然也会照猫画虎，对工作敷衍了事。你只有尽职尽责地完成本职工作，才能影响你的下属，感染你的下属，让他们对工作多一份责任。

要想让自己的班组变得更加优秀和卓越，你就必须为班组作出表率——正人先正己。当你成为全班组的楷模和表率时，你的班组成为一支优秀的团队就不再显得那么困难了。

二、办事公道

很多班组长在班组中总是喜欢任人唯亲，重用自己喜爱的员工，冷落那些不待见的员工。即使那些他不喜爱的员工有了突出的表现，也不会去表扬鼓励，而如果自己喜爱的员工取得了一点点成绩，就会把他们夸上天，到处称赞他们的表现，提高他们的待遇。这是很多班组长的待人误区。

一个班组长，在工作中如果不能做到秉公办事，而是徇私情、不公正，那么就会严重打击那些不受欢迎但表现优秀的员工的积极性。如果一个班组长习惯于任人唯亲，那么他的班组里必然会有几位尸位素餐的无用员工，也有几个不得志的优秀员工。这种状况的持续，就会使一个班组酿造成恶劣组织气氛。

能否把握公正的天平，决定着班组长是不是能够在班组中树立起自己的威信。如果你不能以公平公正之心对待下属，那么失道寡助、众叛亲离是迟早的事情。只有在工作中始终做到公平公正的班组长，才能赢得大家的尊重，使每一位班组成员心服口服。

怀抱公平之心，是处理班组日常事务的基本准则。身为班组长，你必须办事公正无私，如此才能博得部属的敬重和信任。如果处事不公，偏袒喜欢的人，就会败坏班组风气，破坏班组团结。所以，作为班组长，你应该重视这些问题，从大处着眼，从细微处着手，确保班组有一个公平、公正的竞争氛围。如此，才能赢得威信，提高员工的工作热情和积极性。

三、分享荣誉

作为基层管理者应做到非常慷慨地把荣誉和奖金分给大家，你部下的劳动模范越多，就说明你的工作就能做得越好。

有这样一个故事：一只幸运的乌鸦得到了一块肉，于是它叼着那块肥美的肉到了一个角落里，就在这只乌鸦想美美地享受这顿丰盛的午餐时，一群乌鸦追来了。这只乌鸦吓得赶紧叼着这块肉急促地飞走，它不想让自己努力得来的美味与别的乌鸦分享。可是，叼得太久了，那块肉不小心掉到了地下。于是，一只十分机敏的乌鸦抢到了那块肉，这只乌鸦又叼着肉急促地飞，然后那群乌鸦又开始追新叼着肉的乌鸦，当然，最先叼着肉的乌鸦也有气无力地跟着飞。结果可想而知，那块肉就在一群乌鸦嘴里叼来叼去，最终没有一只乌鸦能够安安静静、舒舒服服地吃掉那块肉。

乌鸦因为得到了一块肉而遭到同伴的追逐。那现实生活中，作为班组长，如果一个人受到提拔或者奖励，也会受到同事的冷遇。所以，一个卓越的班组长应该将他的荣誉与别人分享。如果他只是独自享受荣誉的话，最后的结果也是"很难舒舒服服地吃掉那块肉"。这就是职场上的"独占易起纷争，分享才能共利"。

我们经常可以看到这样的例子：一个人因工作努力而被评为先进工作者，获得了一定的奖励，当他上台领奖时，下面鲜有鼓掌声。于是他一气之下拒绝了邀请同事吃饭的想法。结果第二天同事们不再和他说笑，甚至不愿跟他合作做事情。为什么会是这样呢？就是因为他没有将自己获得的荣誉与他人分享。不要埋怨大家嫉妒你，因为大家都有私心。没有人会对你所取得的成绩表示单纯的欣赏和诚心的佩服，因为他们也想得到这份荣誉。

要学会与别人分享你的荣誉：如果你获得荣誉时，首先要感谢上级的指导和同事的支持。当然你也可以采取更有效的方式来表达你对他们的感谢。其实，与别人分享你的荣誉，这样会使对方有被重视、被尊重的感觉。当然，你还要注意在以后的日子里要学会谦卑。

第四节 / 关心部下

一、关心员工

缺乏对员工在工作、生活上的关心和了解是得不到员工支持的。要关心部下，时刻真情关怀部属感受的班组长，将完全捕获部属的心，并让部属心甘情愿为你赴汤蹈火。对别人表示关心和善意，比送礼物更能产生好的效果。

班组长对下属也要多些仁爱。我们说领导要身先士卒，但更多的应该是和员工在一起，大家是平等的，要真正关心他们的成长，为他们争取福利。

关怀和奖励的方式有很多种，下属辛苦了，哪怕你说一句"兄弟，你辛苦了！"，也是一种奖励，说明你怀有一颗仁爱之心，都会让对方感受到心灵的温暖。你的下属工作生活得很不开心，如果是因为你不够仁爱、小心眼、怕承担责任，而让你的下属很难受，你就不是一个好上级。

该给下属解决的问题要及时解决，该给他们分担责任的时候要及时分担。体贴和关怀下属是你分内的工作，而且你这么做的时候，自己也会感到很快乐。班组长一个人的精力实在有限，所以要关怀每一个员工。当员工在工作中和生活中很开心、很满意的时候，你会感觉到团队的力量。

班组长对下属是不是够仁爱，要让你的下属去评一评，同事之间也要互相评一评。关心要出于内心，而不是做表面文章。

二、及时指导

工作中，下属总是希望自己能时常得到上级的及时指导，因为上级的及时指导就是对下属的关注和培训。

班组长的首要职能是指导和服务，而其中指导的好坏，对下属能力的成长、组织的可持续发展、管理者自身素质方面的培养举足轻重。班组长应掌握如何指导下属的诀窍。

1. 让下属了解工作的意义

千万不可让大家以为，在工作场所只要按照命令行事就成，尤其不能让新进的人员有这种"齿轮化"的感觉，否则就会使下属觉得工作是件不愉快的事。

对工作感到厌倦，人就发挥不出能力，那是由于管理者在当初没有向下属开导的缘故。许多工作都是由单调的例行业务开始的，这也就是将工作的意义向下属予以充分教导的原因。

虽然让年轻人自行摸索工作的意义与目标是一件好事，但身为前辈的班组长，应向下属指示他们对工作及人生的意义。如果班组长不努力营造一个新进人员能随时接受指导的作业场所，那他就是能力不足的管理者。

管理者必须是一个作业场所中不折不扣的管理者，他必须使全体工作人员，彻底了解工作的意义才行。

2. 和下属打成一片

① 照顾下属要周到。班组长在每次指导技术后，应在旁边观察下属的工作方

法。如果一旦有错误发生，就立即加以改正。

② 当下属全部学会了以后，要鼓励他再向新的工作挑战。下属听到这种鼓励的话，往往非常喜悦。

③ 下属在受到班组长的激励后，必定会产生反应，对工作的态度也就会更积极向上。

④ 善用下属的长处，使其潜能在工作中尽情发挥，达到"人尽其才"的目的。

在这个阶段中，班组长应该与下属打成一片，具体地说，就是要随时注意下属的工作状况。

3. 进行工作检讨

工作检讨的重点应从工作种类、工作方法、工作失败的影响等加以区分考虑。

① 将工作的种类大致分为：例行的工作、在预定时间应该进行的工作、偶尔进行的工作。

② 工作的方法：应区分为已做过的与未做过的两类。

③ 工作失败的影响：应区分为交货日期延误与品质不良两类。

即使下属自己认为可以独立作业，身为班组长，也应在分配工作时，与下属一起加以分类整理。

由以上的工作区分方法为起点，重新检讨改善下属工作，其步骤如下。

步骤 1：找出每一种工作的缺点，招致失败的范围与困扰的程度，并想出更有效率的工作方法并将其标准化。

步骤 2：把工作所需与下属的能力作对此，再观察下属对现有工作是否具备足够应付能力。如不足时看到底需要哪一种能力。

步骤 3：与下属密切合作，使工作顺利展开，消除失败，提高该下属的能力，并将对策制成一览表以资参考。

在工作方面：该下属在工作上的问题点一览表、承办工作改善点（案）一览表、可标准化工作一览表。

防止工作遭受失败方面：预防失败的确认表。

提高下属工作能力方面：对目前工作所缺少的能力一览表，以及在新工作上所缺少的能力一览表。

这样班组长与下属之间才能产生很密切的接触。

4. 利用作业指导书做正确的指导

作业指导书是将作业按照程序填写而成，任何人都能一目了然。

现场管理者应按照每一种作业，制作符合实况的作业指导书。工作的做法、动作的要点必须一目了然，尤其应注意将重点详细注明，并简明扼要地表达出来。

作业指导书的制作，是为了使作业人员遵守作业程序，其内容需要花一番工夫去记住，若能牢记要点，工作就可以驾轻就熟了。

以此项作业指导书为基础，决定各人应学习到的最后目标与中间目标。教导要领：必须先将每一种作业予以区分，并加以指导，但在未完全记住之前，不要进行下一项作业。

如果稍微学会就立即指导下一阶段，可能会使下属停留于技术粗劣的地步，一旦不好的习惯养成，就很难成为高明的专家了。

5. 鼓励员工自我革新

对员工进行自我革新的指导，首先，制作指导下属的计划表，根据作业标准加以具体的指导，必须明示计划表中的每一项工作，使下属了解其目的，然后再按照以下方法依次加以处理：

① 作业顺序、方法及其需注意处；

② 不良情况的发生及其回复之处置；

③ 品质检查与报告的方法；

④ 使用机械等的操作及保养方法。

如果是新进人员，由于他们一时无法全面了解企业的情况，切不可操之过急。内容繁多的指导方法，容易使被指导者陷入消化不良的情况。

假如下属无意去做，即使采用单独施教，也事倍功半。因此，依照指导计划表，两个人一起商量是有必要的，而且应训练下属养成正确的工作习惯。

面对面、手把手教导的指导目的，是要造就自我革新的从业员工。

6. 工作指导的要诀

对下属实施操作训练的要诀如下：

① 将教导的工作目的扼要加以说明；

② 先进行示范，使下属了解；

③ 详细说明将要教导的工作要点（尤其要将最重要的想法、动作的要点详细解说）；

④ 再度示范；

⑤ 让下属试做工作的要点部分；

⑥ 使下属在协助之下做该项工作；

⑦ 下属在做的时候注意提示要点；

⑧ 直到使下属对工作完全了解为止。

三、善待班组成员

随着班组规章制度管理越来越健全，许多班组长总认为自己和班组的组员之间的距离越来越远。其实，在严格管理班组的同时，班组长要让组员感受到人情味，这样就会拉近和组员之间的距离。

1. 要把组员当作班组的主人来看待

每月要按时召开班组民主生活会，班组组员有合理的意见，要认真及时地采纳；对有些偏激的意见，不要求全责备，而是正确引导，不批评、不打击、不报复，这样组员才会由衷佩服你。

2. 要把组员当作朋友来交往

作为班组长，不但需要良好的业务素质，还要良好的思想素质和工作作风，在工作、生活和学习当中要和组员们平等相处。如果总是自以为是，组员们就会觉得你难以接近，就会有意和你拉开距离，所以，你要以朋友心善待班组的每一个成员，真正成为组员的知心朋友，尤其是当个别组员工作上做错了事，既不要姑息迁就，也不能横加指责，要让组员切身体会到你是在真心实意地关心、帮助、爱护他，那么，组员也就自然而然地会和你成为知心朋友。

3. 要把组员当作兄弟姐妹来关心

作为一班组长，无论何时何地都要时刻关心组员的生活，帮组员所需，解组员所难。当组员们在工作、生活和学习当中出现了思想上不稳定的情绪时，坚决不能对组员动辄训斥辱骂，甚至大发脾气。特别是对关系组员的切身利益的问题上，要做到公平、公正，要把"情"字贯彻到班组管理当中。这样，班组长的工作开展就会越来越顺利。

作为班组长，首先要学会尊重人；其次要进行多种方式的情感交流。其中，不定期开展民主生活会，就是很好的办法。表 3-1 是班组民主生活会记录表，仅供参考和借鉴。

表 3-1　班组民主生活会记录表

日期	应出席人数	实际出席人数	议题	主持人	记录人	备注

续表

会议记录：

注：1. 每季或月召开一次，由班组长召集和主持。
　2. 内容要联系班组工作实际，从团结协作的愿望出发，开展批评和自我批评，总结经验教训，达到消除隔阂，解决矛盾，协调人际关系的目的。

第五节　／　形成自己的管理风格

研究表明，组织气氛 70% 取决于管理者的管理风格。所以，班组长必须清楚自己的管理风格是属于哪一种类型，更要能够根据自己的班组状况，确定适合的管理风格。

一、班组长管理风格的 2 个大类

班组长的管理风格主要有以下两种类型，两种类型没有优劣之分，适合就好。

1. 协调型班组长

协调型班组长注重和每一名下属建立良好的工作关系，认为融洽的关系对提高工作效率和取得良好业绩是必需的。

在许多情况下，协调型班组长被一种理想所激励：他们愿意帮助别人成功。于是，在他们的指导下，下属表现卓越。

协调型班组长说话做事不会单纯为了满足下属的短期需要，他们的眼光更注重长期的、更本质的东西：不仅帮助下属在目前的工作中取得成功，而且要为他们将来的角色做准备，其中的一项准备工作就是培养下属的技能。

2. 命令型班组长

与协调型班组长相对应，命令型班组长更注重结果、成绩、质量、精确。

他们相信只有认真监控才能获得高质量；他们强调做好工作会得到赞颂，有差错就得从头再做。

他们专注于设立目标和时间表，努力完成计划。如果结果超过预期目标，他们会很高兴，他们为努力工作和个人取得杰出成绩感到自豪。如果结果达不到预期目标，他们会很沮丧，他们对工作不努力的员工会严厉批评。

作为班组长要清楚自己是什么类型的管理者，以便于不断改善自己的管理。

卓越班组长应该有能力做好"协调"和"命令"，并且知道何时选择合适的管理方式。

二、班组长管理风格的 6 个小类

影响组织成功主要有四个关键因素——个人素质、职位素质要求、管理风格、组织气氛。其中，组织气氛对组织绩效的影响程度达 28%，而组织气氛 70% 取决于管理者的管理风格。

管理风格有以下几种，班组长必须清楚自己的管理风格是属于哪一种类型或者根据自己的班组状况，确定适合的管理风格。

1. 强制型

（1）强制型的首要目标

强制型的首要目标是要求下属立即服从。

（2）强制型的行为特点

① 不断地下命令告诉下属做什么；

② 一旦下达命令，希望下属立即服从，并严格控制；

③ 当下属出现错误，会指责下属；

④ 施加压力，而不是奖励。

（3）强制型适用情形

① 应用于简单明确的任务；

② 危机情况下，下属需清晰指令，且上级比下属知道得多；

③ 如违背命令将导致严重后果，或当其他所有管理手段都失效，而只有改进或开除两种选择的时候。

（4）强制型不适用情形

① 当任务比较复杂，强制可能会带来反叛；

② 过长时间使用此法，下属得不到发展而趋于反抗、消极怠工或离职；

③ 对高素质员工最不适用。

2. 权威型

（1）权威型的首要目标

权威型的首要目标是为员工提供长远目标和愿景。

（2）权威型的行为特点

① 将自己的期望、目标、压力、愿景告诉下属，下属按照上级的期望去具体描绘。

② 管理者全力支持、帮助下属达到目标。

（3）权威型适用情形

① 当需要一个新的愿景或清晰的目标及标准时；

② 当他人认为经理本人为"专家"或"权威"时；

③ 当新员工有赖于班组长主动指导时。

（4）权威型不适用情形

① 当管理者不可信或用于经验丰富的员工，他们也许懂得更多；

② 自我管理的工作团队及民主型决策。

3. 教练型

（1）教练型的首要目标

教练型的首要目标是对员工有长期的职业发展培养。

（2）教练型的行为特点

① 根据员工个人期望，帮助他们确认自身的优势和劣势；

② 鼓励员工建立长期的发展目标；

③ 在发展过程中就管理者和员工的角色与员工达成共识；

④ 提供不断的指导，解决根本性的原理和规则，并给予有利于员工发展的反馈；

⑤ 为长远的发展建立阶段性的标准。

（3）教练型适用情形

① 当员工承认其目前绩效水平与理想绩效水平存在差异时；

② 当员工被激发去主动工作、创新，并寻求职业发展时。

（4）教练型不适用情形

① 当管理者缺乏专业知识时；

② 当员工需要很多指导和反馈时；

③ 当危急情况时。

4. 亲和型

（1）亲和型的首要目标

亲和型的首要目标是在员工之间及管理者与员工之间建立和谐的关系。

（2）亲和型的行为特点

① 关注在同事之间促进友好的关系；

② 关注满足员工的情绪要求而不注重工作任务；

③ 注重和关心员工各方面的需求，并努力使员工"高兴"，如在工作安全、附加福利、平衡家庭与工作等方面；

④ 不放过正向反馈的机会，并避免与绩效有关的冲突；

⑤ 奖励下属时将个人特点与工作绩效同等对待。

（3）亲和型适用情形

① 当权威、民主、教练型并用时，特别是管理者的影响动机超过亲和动机时；

② 当员工绩效表现适度且进行例行工作时；

③ 当提供个人帮助时，例如，咨询；

④ 当不同类型的、有冲突的人组成团队时。

（4）亲和型不适用情形

① 当员工绩效不佳需要指导性反馈来纠正时；

② 当处于危急或复杂情况时，需要清晰的方向和控制；

③ 当员工是任务导向且对管理者建立友谊不感兴趣时。

5. 指标型

（1）指标型的首要目标

指标型的首要目标是追求卓越、高标准。

（2）指标型的行为特点

① 树立榜样，并且有高标准并期望他人能了解树立榜样的原则；

② 担心委派任务后，别人不能以高标准来完成；一旦发现高绩效不能实现时不再让他人干，转而自己做；

③ 不同情绩效表现差的人；

④ 当员工有困难寻求帮助时，对其紧急施予援手或给予详细的任务指导，而无助于员工的进步；

⑤ 只有会影响紧急任务时，才与他人协调。

（3）指标型适用情形

① 当员工被很好激励、有能力，并了解自己的工作，而不需要指导和协调时；

② 当要求尽快出成果时；当培养与管理者相似的员工时。

（4）指标型不适用情形

① 当管理者不能事必躬亲时；

② 当员工需要发展、培养时。

6. 民主型

（1）民主型的首要目标

民主型的首要目标是在员工之间建立默契，并产生新的思想。

（2）民主型的行为特点

① 确信员工有能力为自己和组织找到合适的发展方向；

② 让员工参与对其工作有影响的决定；

③ 一致通过决定；

④ 经常召集会议听取员工意见；

⑤ 对积极的绩效进行奖励，很少给予消极反馈或惩罚。

（3）民主型适用情形

① 当员工是有能力的；

② 当员工必须进行合作时；

③ 当班组长自己也不清楚最佳途径或方向，而其下属能力较强，并且下属的想法可能更优于班组长。

（4）民主型不适用情形

① 危急关头，没有时间开会；

② 员工能力不强，缺少相关信息，需要严格监控。

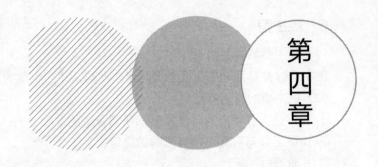

第四章

必须精通的5种管理方法

　　所谓管理的方法就是要能依照一定的管理程序，使所管理的工作能够依照规定的方法顺利进行，并且能得到满意的结果。班组长作为现场基层管理人员，应该确实掌握科学的管理方法。

　　管理方法有很多，这里主要介绍常用的几种，如目标管理法、班组会议法、5W2H法、8D问题求解法、标准化维持法等。

目标管理法

一、什么是目标管理

目标管理是一种以目标为导向的基础管理方法，通过提出量化的目标指标，使团队围绕目标推进业务，突破影响目标实现的障碍，通过目标实现的量化评价，有效地激励了员工。

1. 目标管理的来源与含义

目标管理（Management by Objectives，缩写为 MBO）是 20 世纪 50 年代中期出现于美国，以泰罗的科学管理和行为科学理论（特别是其中的参与管理）为基础形成的一套有效管理制度。凭借这种制度，可以使组织的成员亲自参加工作目标的制定，实现"自我控制"，并努力完成工作目标。而对于员工的工作成果，由于有明确的目标作为考核标准，从而使对员工的评价和奖励做到更客观、更合理，因而能够大大激发员工为完成组织目标而努力。

小到基层班组，大到整个组织，任何一个部门的管理，其本质都是通过建立一套行之有效的目标管理体系，通过有效运作来实现经营目标，同时也提高部门的业绩能力，培养出一线人才。

2. 目标管理的实质

目标管理的实质就是推进业务改善，其基本过程如下。

① 掌握现状；

② 对比目标寻找存在的差距，确定影响目标实现的主要项目或方面；

③ 发现影响目标达到的主要问题，利用团队智慧和科学工具分析问题存在的主要原因；

④ 探求改变现状、从源头消除问题的应对措施；

⑤ 通过实施有效的对策以解决问题；

⑥ 在做好标准化工作、巩固业绩的基础上，进入下一个 PDCA 循环。

目标管理过程如图 4-1 所示。

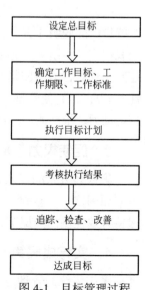

图 4-1 目标管理过程

3. 目标管理的 PDS 循环

目标管理 PDS 循环指的是目标制定（Plan）、推移管理（Do）和考核激励（See）三大步骤。

① 目标制定。系统地制定班组工作的目标，既包括任务目标，还包括能力目标、效率目标和效益目标。

② 推移管理。根据目标指标建立取得业绩的渠道，通过指标推移管理和对比分析，发现目标实现的障碍，同时改善业务，使工作朝着目标实现的方向顺利发展。从事后的结果管理主义，到事前的过程管理主义，通过过程确保结果，这是目标管理的基本原则。

③ 考核激励。阶段性地对目标指标实现状况进行总结、评价，奖优罚劣，通过各种方法从正向和反向两方面激励相关人员，使全体员工明确今后努力的方向。

二、目标管理有何特点

1. 目标管理是参与管理的一种形式

目标的实现者同时也是目标的制定者，而且由上级与下级一起共同确定目标。首先确定出总目标，然后对总目标进行分解，按照各级要求展开，通过上下协商，制定出企业各部门、各车间，直至每个员工的目标，再用总目标指导分目标，用分目标保证总目标，形成一个"目标 - 手段"链。

2. 强调"自我控制"

大力倡导目标管理的德鲁克认为，员工是愿意对工作负责的，是愿意在工作中发挥自己的聪明才智和创造性的；如果我们控制的对象是一个社会组织中的"人"，则我们应"控制"的必须是行为的动机，而不应当是行为本身，即必须以对动机的控制达到对行为的控制。目标管理的主旨在于，用"自我控制的管理"代替"压制性的管理"，它使管理人员能够控制他们自己的成绩。这种自我控制可以成为更强烈的动力，推动他们尽自己最大的力量把工作做好，而不只是"过得去"就行了。

3. 促使权力下放

集权和分权的矛盾是组织的基本矛盾之一，唯恐失去控制是阻碍大胆授权的主要原因之一。执行目标管理有助于协调这一对矛盾，促使权力下放，有助于在保持有效控制的前提下，把局面搞得更有生气一些。

4. 实行成果第一的方针

采用传统的管理方法评价员工的表现，往往容易根据印象、本人的思想和对某些问题的态度等定性因素来评价。实行目标管理后，由于有了一套完善的目标考核体系，从而能够按员工的实际贡献大小如实地评价一个人。

目标管理力求组织目标与个人目标结合紧密，以增强员工在工作中的满足感。这对于调动员工的积极性，增强组织的凝聚力起到了很好的作用。

三、如何构建目标管理体系

1. 构建和完善目标管理的基本要点

构建及完善班组目标管理体系是加强班组业绩管理的重要保证。在构建和完善目标管理体系的过程中，需要把握的基本要点如下。

① 目标指标的选择要合理、系统，要确保能够有力地支撑和促进部门目标和公司目标的实现。

② 统计渠道要不断完善，使班组长能真实、及时、准确地了解所有管理项目在现场的实际发生状况。

③ 利用统计渠道获取管理项目的实际状况，按日、周、月为单位汇总、统计，并建立推移管理体系，把握今天和昨天、本周和上周、这个月和上个月的相对变化，并分析其推移趋势。

④ 根据管理项目的现实需要，建立将现状及其推移状况与目标对比的机制，及时发现现状与目标之间的差距，找出影响目标实现的主要课题，特别要善于利用推移管理预见性地发现问题，将问题消灭在萌芽状态，防患于未然。

⑤ 致力于推动主要业务课题的改善，如果影响目标实现的主要课题得到了解决，就能更加接近或实现目标。

⑥ 及时进行业绩评价，对目标管理和业务改善中的具体结果、变化趋势、工作态度和行为进行明确的评价，以表扬、批评、奖励、处罚、整改等形式，使相关集体和个人获得激励，使正面的得到维持和巩固，使负面的及时被抑制或清除。

2. 制定班组目标的六大要素

制定班组目标的六大要素见表 4-1。

表 4-1 制定班组目标的六大要素

目标管理架构	六大要素	目标管理的开展步骤
经营理念	（1）为了什么	①发掘组织使命 ②形成基本经营方针
层级目标	（2）目标是什么	①确定长期目标 ②确定中期整体目标 ③制定层别主要管理项目

续表

目标管理架构	六大要素	目标管理的开展步骤
达成标准	（3）达到什么程度	①共同设定部门具体目标 ②全员参与设定自己的具体目标
实现手段	（4）怎么办	商讨目标实现的方案
进度状态	（5）进度如何	实施与进度反馈
达成评价	（6）是否很好完成	基于绩效的评价与思考

四、班组目标如何落实

班组目标制定后，关键是抓落实。落实班组目标主要有两个办法：班组目标业绩考核和班组业绩激励。

1. 班组目标业绩考核

绩效改善流程如图 4-2 所示，以日、周和月为单位，对班组业绩进行综合统计，全面考核班组业绩结果，在发现问题且推进改善的同时，要把业绩考核与有效激励结合起来，调动班组长及整个班组成员的积极性，以共同推动业绩的提高。

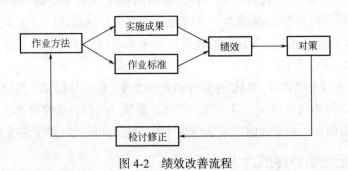

图 4-2　绩效改善流程

班组业绩考核主要是由班组长直接向上级主管部门申请进行，必要时班组长也应主动进行自我考核。班组长要做到对本部门目标达成业绩进行负责，如果业绩达成状况不是很理想，班组长首先应进行自我反省。

班组长要善于从业绩考核和横向对比中肯定自身成绩，享受工作的乐趣和喜悦，总结经验并进行自我激励。同时也要努力发现自身存在的差距和不足，尤其是要找到内部标杆，虚心请教和学习，取长补短。

2．班组业绩激励

业绩考核的目的是进一步调动大家的工作积极性，彼此间取长补短，推动业绩改善，最终确保班组业务目标的实现。对于班组业绩的激励，除了物质金钱方面的升降推动外，还应注重多种形式的精神奖励。

① 评比优秀班组：让其总结经验，并横向分享，以促进企业整体业绩与竞争力得以提升。

② 展示成果：促进其他班组有效学习和效仿。

③ 举办学习交流会：就班组业绩提升等内容进行专题交流，结合具体业绩分析案例，从观念、思路、方法、技术、工具等方面，做到有计划、有组织地让其他班组进行分享。

④ 对落后班组进行辅导：协助其掌握自身存在问题、原因及改进方法，以提升改善能力。

⑤ 总结书面报告：将成功经验与失败心得总结成书面报告，利用班前会、学习班、研讨会、宣传栏、内部刊物、管理看板、内部网络等形式和途径进行分享，必要时可以在全公司会议中当众分享，以增强正向诫勉和负向诫勉的效果。

总之，激励永远是有效的。要使激励有效，并非难事，但由于某些管理者太"吝啬"或者是忽略了，使得激励逐渐失去了效应。总言之，人人都需要激励。如果没有激励，谁还会干他所不愿干或不想干的事？譬如为他人挣钱这类事，谁会愿意干？所以激励应及时。激励的作用往往是瞬间的，员工有好的表现，应尽快嘉奖。如果都要等到年终表扬，那么，激励的效用将大大降低。目标管理工作单见表4-2。

表 4-2 目标管理工作单

（   年度）

姓名：　　　　职别：　　　　　　　　　　　第　页共　页

计划名称	目标（项目及数量或日期）	重要性/%	执行计划所需协助	预定进度/%												成果检讨及改进意见
				7月	8月	9月	10月	11月	12月	1月	2月	3月	4月	5月	6月	

续表

计划名称	目标（项目及数量或日期）	重要性/%	执行计划所需协助	预定进度 /%												成果检讨及改进意见
				7月	8月	9月	10月	11月	12月	1月	2月	3月	4月	5月	6月	

直接主管：　　　　　　　　　　执行人：

第二节　班组会议法

一、班会有什么作用

1. 班会的定义

班会是企业集体活动中最主要的组织活动之一。班会一般分为定期或不定期班会两类，在班组长的领导和指导下，以班级为单位，围绕一个或几个主题组织的对全班成员开展教育的活动，是班组长进行有效管理、指导和教育的重要途径和有效形式。在班会上，每个成员都可以发表自己的意见，参与集体管理，研究解决班组中存在的各种问题。

班会的开展内容没有一定的限制，丰富多彩的班会主题，既可以是专门为解决班组目前存在的某个问题而召开，也可以围绕某项教育展开，如热爱祖国、热爱集体、团结互助、文明礼貌、助人为乐、学习心得交流、环境保护、遵纪守法等。活动形式也多种多样，不同的班会主题，开展形式和具体程序也会有不一样的表现。

　　班会有定期班会和非定期班会。定期班会是指每日、每周、每月、每季、每年中较固定，已形成惯例的班会，定期班会的内容相对比较固定。非定期班会，往往由班组长根据企业要求或形势需要而临时决定召开的班会，来解决班组的具体问题。

　　也可以分为事务性班会和主题班会。事务性班会是指为了研究、解决班级管理事务而召开的全班成员会议。如评选先进个人等。主题班会往往是指事先确定一个明确主题，发动全班成员进行讨论，进而达到某方面的工作目的。如 QC 活动班会。

2. 班会的作用

　　班会看似问题不大，但却是基层六项管理工作的重中之重，如果真正让班会活动发挥功能，将会给提升企业管理打下坚实的基础。

　　企业的基层管理是整个企业管理中最基础、最重要的环节之一，只有把基层管理工作做好，企业的根基才会牢固。扎实的基层管理是一个企业健康发展的必备条件。

　　基层管理有六项工作重点，即班会、整理整顿、工作教导、绩效考核、QC 活动、改善提案活动，而班会则是基层管理工作的首要重点。通过班会，一方面可以不断传播公司的企业文化，改变员工的行为、观念，培养良好的习惯；另一方面可以培养和提升主管的领导能力，带动部门气氛及提供良好的沟通渠道。

　　开会就是集合众人的智慧与经验而达成某一目的的一种工作方法。任何工作都需要事前有良好的计划，做好充分的准备，如此才更加容易达到效果。开会也是一样。不开无准备的会，不开无目的的会议，可开可不开的会议就不开；不开多议题的会，每次会议只解决一个中心议题，重点多了自然也就没重点；与议题无关的人员不要参加会议。

3. 班会的类型

　　班会根据召开的时间主要分班前会议、班中会议和班后会议。

二、如何开好班会

　　班组要开好班会，必须注意以下几点。

1. 必须由班组长主持

　　班会是最基层的管理活动，所以必须由最基层的班组长来组织，因为他们最了解基层的情况与动向。其他领导可以根据情况列席班会，也可以做有关发言，但不能越俎代庖。只要很好地运用班会这一管理活动，就可以起到事半功倍的效果。

2. 如无异常，要定时举行

班会的频率一般为每班 1 次，每次 15 分钟左右，要定时举行。如果是白班制的企业，班会也称之为早会。对于多班制的企业，一般每班前要开班会，叫做班前会。

现如今，有很多多班制企业规定上班前和下班后都要开班会，即班前会和班后会。建议最好不要开班后会，因为下班后员工应该进行清理、清扫工作，如果这些工作做完后再开班会，持续的时间太长，会影响员工的休息，如果为了开班后会而影响了清理、清扫工作，反而得不偿失。同时，班组长在收集本班的相关数据时也太紧张，会影响对数据的总结、分析，反而达不到预期的效果。

3. 班会的内容要具体

班会的内容一般会包括教导、理念及目标的内容，大致分配如下。

① 教导 50%：包括作业规范说明、标准化工作、安全生产、品质异常及个人品质、效率总结。

② 理念 20%：包括工作教养、作业习惯、质量理念等。

③ 目标 30%：包括生产安排、质量目标、政令传达等。

4. 要有班会管理制度

要有班会管理制度和班会报告单，这是班会成败的关键所在。班会管理制度是规范班会活动的一个纲领性文件，它可以使班会活动井然有序地进行。班会报告单则要求班组长在开班会时有准备、有步骤地进行，而不是班组长随心所欲，从而达到班会所要达到目的。

5. 要对班会的主持者事先进行培训

班组长要学会如何组织队列，如何控制音量，如何调节气氛，如何鼓励下属，如何进行总结。

三、如何召开班前会

班前会是企业生产班组实施工作任务前进行的生产组织活动形式。班前会是指工作组在工作开始前，由班长讲解工作任务和所做的安全措施，讲解安全风险、安全注意事项，分析危险点；对工作任务进行分配，并将安全责任落实到每个人员身上，对不同工作分别进行技术交底，并确认每一个工作班成员都已知晓。

1. 什么是班前会

（1）班前会的概念

所谓班前会，是指利用上午上班前5～10分钟的时间，全体员工集合在一起，互相问候、交流信息和安排工作的一种管理方式。

（2）班前会在现场管理中的位置

班前会在现场管理中具有非常重要的位置，具体来说，班前会是：

① 人员点到的场所；

② 活动发布的场所；

③ 作业指示的场所；

④ 生产总结的场所；

⑤ 唤起注意的场所；

⑥ 培训教育的场所；

⑦ 信息交流的场所。

因为班前会在现场管理中占有非常重要的位置，所以即使占用了工作时间也要坚持实施。

（3）推行班前会的好处

① 有利于团队精神的建设；

② 能使员工产生良好的精神面貌；

③ 培养全员的文明礼貌习惯；

④ 提高干部自身水平和能力（表达能力、沟通能力）；

⑤ 提高工作布置效率；

⑥ 养成遵守规定的习惯。

2. 如何召开班前会

（1）明确班前会的内容

① 发出号令，集合人员；

② 人员报数点到（通过报数声音了解人员精神状态）；

③ 总结昨天的工作；

④ 传达今天的生产计划和基本活动，说明注意事项；

⑤ 企业指示事项的转达；

⑥ 鼓舞人员的工作干劲；

⑦ 宣布作业的开始。

如果班组内有轮班或上班时间不一致，就很有必要把班前会事项传达到下一班次，不然容易引起生产的混乱，发生问题。比如：每天白班，车间主管、各班组长、值班调度员等职能人员在 7:30 召开班前会，对于夜班交班反映的有关安全、质量、生产、现场、设备、工装等各方面需要解决和注意的问题，当场将责任落实到相关人员。同时，就当班的生产任务、产品质量、服务保障等对相关职能人员也提出具体的要求。

（2）班前会的主持人

班会主持人按照表 4-3 进行利弊分析。

表 4-3　班会主持人利弊分析

主持方式	要求说明	利	弊
班组长主持	班组长具备一定的权威性，表达能力好	能够针对班组特性、现状进行，针对性强	班组长的能力差距将造成班组差距
部门主管主持	全盘工作非常清楚了解	人员重视，方针政策能够得到贯彻	管理人员得不到应有的锻炼，会议容易过长
管理人员轮流主持	管理人员了解他人的工作，有全局观念	管理人员的才干得到锻炼和施展	焦点分散，行动方向较难统一，团队塑造慢
管理人员和员工轮流主持	信息通畅，协商式的风气已经形成	形成民主协商的工作气氛	推行有一定难度，效果难预测
员工轮流主持	对员工的素质、责任心、问题意识要求高	员工参与管理，提高责任心	员工主持不好时，可能草草结束

（3）班前会的组织程序

① 参加人员：交接班双方的班组长；接班的全体人员；白班 16:00，交接时必须要有一名车间领导参加。

② 参会人员必须穿戴工作服、工作帽，严禁穿高跟鞋和带钉子鞋。

③ 提前 20 分钟点名、开会。

④ 交班组长介绍上班情况：生产、工艺指标、设备使用、异常情况及事故、目前存在的问题等。

⑤ 各岗位汇报班前检查情况。

⑥ 接班组长安排工作。

⑦ 车间领导指示。

四、如何召开班后会

班后会是企业生产班组实施工作任务后进行的组织活动形式。

1. 什么是班后会

所谓的班后会，是指利用下午下班前 5 ~ 10 分钟的时间，全体员工集合在一起，互相问候、交流信息和总结工作的一种管理方式。

2. 召开班后会的原则

班后会的召开必须遵循以下基本原则。

（1）需要明白班前班后会的作用及目的

一般由班组长总结当天工作的安全落实和施工质量情况，特别要查找不安全因素并举一反三，制订相应的防范措施，避免同类错误再次发生。

（2）需要明白班后会的基本事项

① 因为时间短，节奏要快，不能没完没了。

② 条理要清晰，不能让组员不明白。

③ 内容有一定的趣味性，能活跃气氛或体现温情。

④ 有开头，有结尾，有安排，结尾时最好安排一下口号等。

⑤ 尽可能安排一些典型发言，以提高组员的归属感，不过需提前让组员进行准备。

3. 如何召开班后会

① 参会人员：交班者全体，白班交班时要有一名车间领导参加。

② 班后会时间：岗位交班后召开。

③ 各岗位人员介绍本班情况。

④ 值班组长综合发言。

⑤ 车间领导指示。

第三节 / # 5W2H 法

一、什么是 5W2H 管理法

1. 5W2H 管理法的来源

5W2H 法是第二次世界大战中美国陆军兵器修理部首创，简单、方便，易于理解、使用，富有启发意义，在企业管理和技术活动方面广泛使用，对于决策和执行性的活动措施也非常有帮助，也有助于弥补考虑问题的疏漏。发明者用五个以 W 开头的英语单词和两个以 H 开头的英语单词进行设问，发现解决问题的线索，寻找发明思路，进行设计构思，从而创造出新的发明项目，这就叫做 5W2H 法。

2. 5W2H 管理法的具体内容

5W2H 管理法包含以下具体内容。

① 为什么（Why）。为什么采用这个技术参数？为什么有杂音？为什么停用？为什么变成红色？为什么要做成这个形状？为什么采用机器代替人力？为什么产品的制造要经过这么多环节？为什么非做不可？

② 做什么（What）。条件是什么？哪一部分工作要做？目的是什么？重点是什么？与什么有关系？功能是什么？规范是什么？工作对象是什么？要注意什么？

③ 谁（Who）。谁来办最方便？谁做更合适？谁会生产？谁可以办？谁是顾客？谁被忽略了？谁是决策人？谁会受益？

④ 何时（When）。何时要完成？何时安装？何时销售？何时是最佳营业时间？何时工作人员容易疲劳？何时产量最高？何时完成最为时宜？需要几天才算合理？

⑤ 何地（Where）。何地最适宜某物生长？何处生产最经济？从何处买？还有什么地方可以作为销售点？安装在什么地方最合适？什么地方有资源？

⑥ 怎样（How to）。怎样做省力？怎样做最快？怎样做效率最高？怎样改进？怎样得到？怎样避免失败？怎样改善？怎样求发展？怎样增加销路？怎样达到效率？怎样才能使产品更加美观大方？怎样使产品用起来方便？

⑦ 多少（How much）。功能指标达到多少？销售多少？成本多少？输出功率多少？效率多高？规格多少？重量多少？

如果现行的做法或产品经过七个问题的审核已无懈可击，便可认为这一做法或产品可取。如果七个问题中只要有一个答复不能令人满意，则表示这方面有改进余地。如果哪方面的答复有独创的优点，则可以扩大产品这方面的效用。

提出疑问对于发现问题和解决问题是极其重要的。创造力高的人，都具有善于提问题的能力，众所皆知，提出一个好的问题，就意味着问题解决了一半。提问题的技巧高，可以发挥人的想象力。相反，有些问题提出来，反而破坏我们的想象力。发明者在设计新产品时，常常提出：为什么（Why）、做什么（What）、何人做（Who）、何时（When）、何地（Where）、如何（How）、多少（How much）。这就构成了 5W2H 法的总框架。如果提问题中常有"假如……""如果……""是否……"这样的虚构，就是一种设问，设问要求具有更高的想象力。

在发明设计中，对问题不敏感、看不出毛病是与平时不善于提问有密切关系的。对一个问题穷追不舍，有可能发现新的知识和新的疑问。所以从根本上说，学会发明首先要学会如何提问，善于进行提问。阻碍提问的因素，一是怕提问多，被别人看成什么也不懂的傻瓜；二是随着年龄和知识的增长，提问欲望渐渐淡薄。如果提问得不到答复和鼓励，反而遭人讥讽，结果潜移默化就形成了这种看法：好提问、好挑毛病的人是扰乱别人的讨厌鬼，最好紧闭嘴唇，不看、不闻、不问，但是这恰恰阻碍了人的创造性的发挥。

二、如何应用 5W2H 管理法

1. 5W2H 法的运用方法

任何事情的发生和变化基本上都围绕着 5W2H 这 7 个要素，现场管理也是如此，掌握了 5W2H，也就事半功倍了，现场管理也就秩序井然。

作为现场管理的班组长，首先必须安排工作，落实生产计划，那么 5W2H 是必不可少的。现场上人员多、班次多、设备多、材料多、工序多、品种多、批次多、产量大，假若没有具体内容的指示，以为员工知道应该如何去做，就会导致部下无所适从，要么不去做，要么靠自己的想象发挥去做，必然导致作业结果出现偏差，生产现场出现混乱。因此在发出指示时，应该尽可能地打消作业人员心中的疑团，把工作说明白，说透彻。要清楚、详细、耐心地向员工指明，某工作由谁来做，做什么，为什么要这样做，应该什么时候去做，在哪儿做，怎么去做，也就是说要做到 5W2H，这样操作人员才会知道自己的作业目标是什么，才能保证工作过程中不出差错，顺利地完成本职工作。

作为现场管理人员，还要掌控好现场全局，时时把握现场的异常及问题。如何及时有效地收集到问题的信息，必须制订严格的现场反馈制度，以什么方式反馈，什么时间反馈，谁来反馈，反馈给谁，以统一的格式教会现场人员如何反馈问题。

2. 5W2H 现场管理实例

某公司制造工程反馈书见表 4-4。

表 4-4 某公司制造工程反馈书

Who（担当者）		When（时间）		Where（地点）	
What（主题）					
How（报告内容）					

续表

Why（现场分析）	
评价对策	
注意事项	（1）质量异常及制造工程不合格事项必须及时反馈（当事人、目击者），否则以失职论处 （2）制造现场问题点及纷争事项请及时反馈，以便合理解决 （3）建议意见以反馈书的形式报告 （4）凡涉及各工序或员工个人之事项可统一格式汇报（专题报告、事病假调班申请等，必须提前） （5）评价对策由班组长或管理人员填写，每张反馈书均需明确处置方法并落实

作为现场管理人员，班组长不能只是被动地等待现场反馈问题，更重要的是积极主动地发现问题（表4-5），发掘工作方法中的不良并加以改善，使问题不再重复出现，把问题的发生视为机会，加以反省，促进现场持续改善。通过问题分析（表4-6），以5W2H形式系统地分析现场可改善的地方，帮助管理人员获得改善信息，帮助管理人员组织改善数据。运用取消、合并、重排、简化等工作技巧，对问题进行综合分析研究，构思创造新的工作方法。

表4-5　问题发现表

问题：今后想进一步提高的方面	问题发生的原因（5W2H）						解决的方向
	What	Why	Who	Where	When	How	
	问题何在	目标问题	人或组织问题	地点或场所问题	时间或时期问题	方法问题	

表4-6　问题分析表

问题描述：

现状把握			现象分析		原因
What	何事	Who	谁做好／谁做不好		差异何时出现
	何物				
When	何时	When	何时好／何时不好		
Where	何处	Where	何处好／何处不好		

续表

现状把握		现象分析		原因
How	如何	How	如何做 / 如何做不好	
	多少			

作为现场管理人员，班组长以5W2H得到问题，分析问题，同样也必须以5W2H来制定对策，落实应对措施。采用5W2H法，多问几个为什么。为什么要制定对策（Why），达到什么目标（What），在哪里执行（Where），谁去执行（Who），什么时间完成（When）和如何执行（How to），需要多少资源（How much）等，使对策有方向性，增强可操作性，达到改善目的。

作为现场管理人员，班组长必须对现场统筹规划，制订现场工作计划，采用5W2H提出疑问来思考计划、核对计划，则是非常有效的方法。5W2H思考的内容如下。

What 何事（这是一项什么性质的工作？做什么？应该做什么？目的是什么？有必要吗？……）。

Why 为何（为什么要这样做？有什么意义？为什么这项工作是不可缺少的？没有其他更好的办法吗？……）。

以上两项是为了排除工作中那些不必要的部分。

When 何时（什么时间开始？什么时间结束？何时做？为什么要在那个时候做？其他时间做可以吗？该什么时候完成？有顺序吗？……）。

Where 何地（在何处做？为什么要在那儿做？其他单位能不能做？应该在哪儿做？在什么范围内完成？有更合适的场所吗？对工作环境有什么特殊要求？……）。

Who 何人（由谁来做？为什么要由他来做？其他人行不行？应该由谁做？有没有更合适的人？熟练程度低的人能做吗？……）。

以上三项是为了如果有可能的话，将其组合或改变顺序。

How 如何（怎样做？采用什么方法实施？为什么要那样做？有没有其他更好的方法？应该用哪些方法做？……）。

作为管理人员，不但要管理好自己的工作现场，还必须和上级、同事，以及相关部门打交道，因此必须以5W2H简洁、明了、正确、高效地进行工作报告、联络和协商：What（工作的内容和达成的目标），Why（做这项工作的原因），Who（参加这项工作的具体人员，以及负责人）、When（在什么时间、什么时间段进行工作）、Where（工作发生的地点）、How to（用什么方法进行），以及How much（人 / 物 / 财等资源数量成本）。

通过 5W2H 使我们的思路条理化，避免盲目性，养成 5W2H 进行整理、报告的习惯，也可以节约写报告以及看报告的时间。

第四节 / 8D 问题求解法

一、什么是 8D 问题求解法

8D 问题求解法（8D Problem Solving），是一种用以界定、矫正和消灭反复出现的质量问题的管理方法，8D 法是一种有利于推进产品和流程改进的结构化的问题解决方法。

1. 8D 法的含义

8D 问题求解法包含 8 个解决问题的方法步骤，其中的 D 是英文方法（Disciplines）的首字母。

8D 法十分强调团队协同，通常比较适合以团队为单位来解决问题。该方法的指导思想认为，团队作为整体所拥有的智慧要远大于团队成员个体智慧之和。

8D 问题求解法往往也被称作：Global8D 问题求解法（G8D）、福特 8D 问题求解法（Ford8D）、团队导向的 8D 问题求解法（Team Oriented Problem Solving，TOPS8D）。

2. 8D 法的应用范围

8D 问题解决法主要应用如下：
① 不合格的产品问题；
② 顾客投诉问题；
③ 反复频发问题；
④ 需要团队作业的问题。

3. 8D 法的优势与缺点

8D 法是发现真正肇因的有效方法，并能够采取针对性措施消除真正肇因，执行永久性矫正措施。

① 8D 问题解决法的优势。能够帮助探索允许问题逃逸的控制系统。逃逸点的研究有助于提高控制系统在问题再次出现时的监测能力。预防机制的研究有助于帮助系统将问题控制在初级阶段。

② 8D 问题解决法的缺点。8D 问题解决法的局限在于培训既费时，且本身又具有难度。除了对 8D 问题解决流程进行培训外，还需要数据挖掘的培训，以及对所需用到的分析工具（如帕累托图、鱼骨图和流程图等）进行培训。

4. 8D 法的内容要点

1D：组建团队。公司明确团队队长由第一副总亲自担任；质保部负责召集和组织团队的活动；团队成员由包含与问题密切相关的技术人员或管理人员、相关的质量工程师组成。

要点 1：六大问题相关方；

要点 2：学会寻找专家和权威。

2D：描述问题。为了容易找到问题症结所在，以防问题再发生，应使用合理的思考及统计工具，详细地对问题进行描述：发生了什么问题？发生地点？发生时间？问题的大小和广度？从这几方面收集关键资料。

要点：描述问题的四个基准。

3D：围堵行动。为使外部或内部的客户都避免受到该问题的影响，制定并执行临时性的围堵措施，直到已采取了永久性的改进。要确保围堵行动可收到预期的效果。

要点：不良处置的四大步骤六大方法。

4D：找出根本原因。将其问题的描述和收集到的资料进行比较分析，分析有何差异和改变，识别可能的原因，测验每一个原因，以找出最可能的原因，予以证实。

要点 1：分析原因的 5W 法；

要点 2：末端原因的三个特性。

5D：永久性纠正。对于已确认的根本原因，制订永久性的纠正措施，要确认该措施的执行不会造成其他任何不良影响。

要点 1：确定纠正措施的六大要点；

要点 2：临时对策和长久对策；

要点 3：具体化描述的 5W3H 法；

要点 4：实施纠正措施的六大要点。

6D：验证措施。执行永久性的纠正措施，并监视其长期效果。

要点：效果验证的四化。

7D：预防再发生。修正必要的系统，包括方针、运作方式、程序，杜绝此问题及类似问题的再次发生。必要时，要提出针对体系本身改善的建议。

　　要点 1：预防问题的三种方法；

　　要点 2：责任追究与人员教育；

　　要点 3：产生责任和流出责任。

　　8D：肯定贡献。完成团队任务，衷心地肯定团队及个人的贡献，并加以祝贺。由最高领导者签署。建立实时与目标对比的体制，实现动态管理。

　　要点：善于转化。

二、8D 求解法的操作流程

　　8D 求解法的流程如图 4-3 所示。

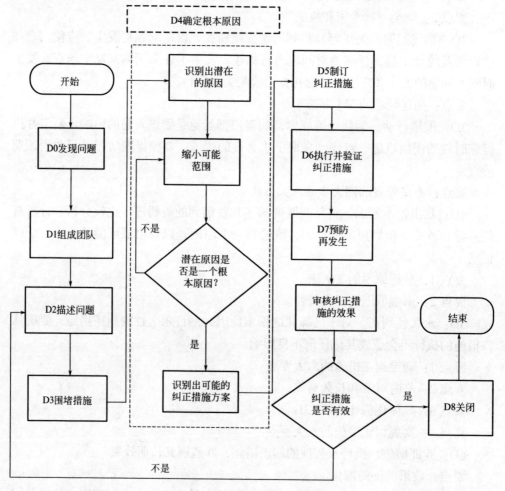

图 4-3　8D 求解法的流程图

三、8D 求解法如何具体实施

① D0：问题出现，做好准备。首先，需要做好实施 8D 的各项准备工作。先考虑是否需要应用 8D，并不是所有的问题都需要用 8D 来解决，有些问题采取通常的防范措施即可。而且，8D 法是一种基于事实的流程作业法，需要适应于持续改善的特殊技能和组织文化。在实施有效的 8D 法之前，组织也许还有必要提供一些相关的学习和培训。

② D1：组建团队。组建一支跨越组织各功能区域的 8D 团队（包括一名能力较强的指挥官），他们具有所需的知识、技能、时间和授权，能够胜任 8D 工作，解决问题，执行矫正方案。为了使团队能够高效运作，还要进一步设置团队的结构、目标、程序、角色，以及明确团队成员之间的相互关系。

③ D2：描述问题。凭借可量化的术语，运用 5W2H 分析法（Who、What、When、Where、Why、How、How many），详细叙述内部／外部顾客的问题并记录之。

④ D3：实施及确认暂时性的围堵行动。这是临时应对之法。在永久性对策还未确定之前，先对问题进行界定并实施围堵行动，以使内部／外部顾客免受问题的困扰。根据确凿数据，确认围堵行动的有效性。

⑤ D4：界定及确认真正肇因。运用 Causeand Effect Diagram（因果图），指出所有可解释会造成该问题的可能原因；然后根据 D2 的问题描述及相关数据，逐一测试各可能原因；找出真正肇因，并提出处理真正肇因的方案。注意两种平行的真正肇因存在的情况：

事故性肇因（Root Cause of Event），系统允许问题情况发生；

逃逸点肇因（Root Cause of Escape/Escape Point），系统允许问题情况发生且失察。

⑥ D5：选择并确认矫正行动。确定所选定的矫正措施确实能为顾客解决问题，同时不会产生不良影响。如果有必要的话，根据可能出现的负面影响的严重程度，制定意外事故对策。

⑦ D6：实施永久性矫正计划。确定并执行最好的永久性矫正措施，并实施有效控制机制，以确保该真正肇因已被消除。一旦正式生产后，监视长期影响，若有必要，立即实施紧急处理措施。

⑧ D7：防止问题复发。界定并执行必需的步骤，以防止同样的问题或类似问题再次发生：改进管理系统、操作系统及工作程序，修订操作程序常规，评估工作流程，加强培训，等。

⑨ D8：关闭，恭贺团队。肯定团队的集体努力，发表工作成果，在组织内分享知识。

第五节 / # 标准化维持法（SDCA）

一、什么是标准化维持（SDCA）

所谓管理的方法就是要能依照一定的管理程序，使所管理的工作依照规定的方法得以顺利进行，并且能取得满意的结果。班组长作为现场基层管理人员，应该确实掌握科学的管理方法。

标准化是现场管理的三大工具之一，也是企业提升管理水平的两大车轮之一（另一个是 5S 管理），是企业追求效率、减少差错的重要手段。5S 是标准化的推动者，要让 5S 在现场彻底落实，作业流程标准化是最理想的方法；而只有搭配作业指导书、目视管理，班组长的工作教导才会有遵循的依据。

1. 什么是标准

班组的日常事务，要依据某种已达成共识的程序来运作，把这些程序清楚地记录下来，就成为"标准"。

标准有两种不同的形态：一是"管理标准"，即为管理员工的行政工作所必需的标准，包含管理规章、人事规则，以及政策、工作说明书、会计费用规则等；另一个是"作业标准"，是作业人员实践 QCD（Q 品质，C 成本，D 交货期）必须执行的工作方式。"管理标准"是涉及管理内部的员工，而"作业标准"则是涉及达成 QCD 满足顾客的外部需求。

2. 什么是标准化

所谓作业标准化，就是按目标能够确保 QCD，并安全地进行生产活动的规定，是企业当前最好的作业方法。标准化包括制定标准、执行标准、完善标准三个步骤。标准化实际上就是制定标准、执行标准、完善标准的一个循环的过程。标准化是企业提升管理水平、企业追求效率、减少差错的重要手段。无标准、有标准未执行或执行得不好、缺乏一个不断完善的过程等，都不能够称为标准化。

在工厂里，所谓制造就是以规定的成本、规定的工时，生产出品质均匀、符合规格的产品。要达到这样的目的，如果制造现场作业，如工序的前后次序随意变更，或作业方法或作业条件随人而异有所改变的话，一定无法生产出符合上述目的的产品。因此必须对作业流程、作业方法、作业条件加以规定并坚持贯彻执行，使之标准化。制定作业标准的工作流程如图 4-4 所示。

图 4-4 制定作业标准的工作流程

3. 什么是标准化维持（SDCA）

标准化维持就是 SDCA 循环（Standardzation Do Check Action，SDCA Cycle），即"标准化、执行、检查、总结（调整）"模式，包括所有和改进过程相关的流程的更新（标准化），并使其平衡运行，然后检查整个过程，以确保其精确性，最后作出合理分析和调整使得过程能够满足愿望和要求。SDCA 循环（标准化维持）的目的，就是标准化和稳定现有的流程。

S 是标准（Standard），即企业为提高产品质量编制出的各种质量体系文件；

D 是执行（Do），即执行质量体系文件；

C 是检查（Check），即质量体系的内容审核和各种检查；

A 是总结（Action），即通过对质量体系的评审，做出相应处置。

不断的 SDCA 循环能够保证质量体系有效运行，以实现预期的质量目标。

成功的日常事务管理，可以总结为一个观念：维持及改进标准。这不仅意味着遵照现行技术上、管理上及作业上的标准，也要改进现行的流程，以提高至更高的水准。

每当现场有事情出差错时，班组长都应当找出出现问题的根源，及时采取行动予以补救，并且改变工作的程序以解决问题。即推行标准化 - 执行 - 检查 - 行动（SDCA）的循环工作程序。简单来说，SDCA 以标准化和稳定现有的流程为目的。

现场如果已具备了标准，作业人员依照这些标准行事，而且没有异常发生，此过程便是在掌握之中。下一个步骤便是调整现状和提高标准至较高的水准，这就需要计划 - 执行 - 检查 - 行动（PDCA）的循环工作程序（图 4-5）。总之，PDCA 以提高流程的水准为目的。

在这两个循环的最后一个阶段，行动是指工作的标准化和稳定化，标准化因而与每个人的工作紧密相连。一旦这样的改善开始进行，就可以建立一个崭新及提高过的标准，努力稳定该新程序，因此，带动一个新的"维持"阶段。

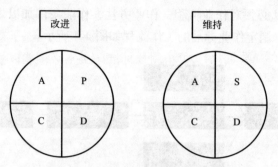

图 4-5　PDCA 循环 /SDCA 循环图

二、标准化的目的和要求

PDCA 与 SDCA 是企业提升管理水平的两大轮子。PDCA 是使企业管理水平不断提升的驱动力，而 SDCA 则是避免企业管理水平出现下滑的制动力。

1. 标准化的目的是什么

简言之，标准化有以下五大目的：
① 技术储备；
② 提高效率；
③ 防止再发；
④ 教育训练；
⑤ 获得最佳秩序。

标准化是为了在一定范围内获得最佳秩序，并且以促进最佳的共同效益为目的。一般来讲，针对具体的标准化对象，标准化的直接目的一般有：适用性、相互理解、接口、互换性、兼容性、品种控制、安全性、环保性等。以产品标准为例，标准化的目的可以分为两大类：要通过标准化保证产品能够正常、方便地使用；保证产品或其生产过程不会对环境、人身等造成不良影响。其中，提高效率是标准化的最大目的。

2. 良好标准有哪些基本要求

良好标准的制定有下列 7 个要求：
① 目标指向明确。标准必须是面对目标的：即遵循标准总是能确保生产出相同品质的产品。
② 显示原因和结果。比如"安全地拧紧螺丝"。这是一个结果，应该描述怎样拧紧螺丝。

③ 准确。要避免抽象："拧紧螺丝时要小心"。什么是要小心？这样模糊的词语最好不要出现。

④ 目标要具体（数量化）。每个阅读标准的员工必须能以相同的方式解释标准。为了达到这一点，标准中应该多使用图形和数字。

⑤ 可操作。标准必须是现实的，即可操作的。

⑥ 以国际标准为依据。制定的企业执行标准必须与国际通用标准相符合。

⑦ 实时修订。标准在需要时必须修订。在优秀的企业，工作是按标准进行的，因此标准必须是最新的，是当时正确的操作情况的反映。

三、SDCA 活动可以达到哪些效果

在企业的内部管理活动中，标准化的作用更加重要。其效果可分为三类：通用效果、附带效果和特别效果，具体如图 4-6 所示。

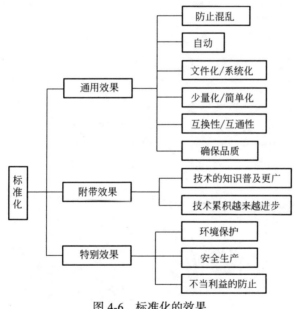

图 4-6 标准化的效果

四、SDCA 活动有哪些工作步骤

1. 标准化（Standardization）

第一步：寻找与标准有差距的问题。召集相关员工把要改善的问题找出来。
第二步：研究现时方法。收集现时方法的数据，并整理好。

第三步：找出各种原因。找出任何可能发生问题的原因。

2. 实行（Do）

第四步：标准化及制定解决方法。依据问题，找出解决方法，安排流程后，立即实行。

3. 检查成效（check the result）

第五步：检查效果。收集、分析、检查其解决方法是否达到预期效果。

4. 制定方法（Action）

第六步：把有效方法制度化。当方法被证明有效后，标准化作为工作守则，所有员工必须遵守。

第七步：检讨成效并发展新目标。

当以上问题解决后，总结其成效，并制定解决其他问题的方案。

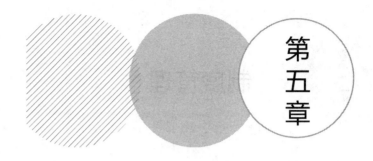

第五章

必须遵循的5项工作原则

　　工作原则就是在管理过程中所依据的准则。原则是从自然界和人类历史中抽象出来的，只有正确反映事物的客观规律的原则才是正确的。对事物的是非分明，且严格遵守公认的正确事物，是一个卓越班组长必须要做到的要求。

　　那么，班组长工作应遵循哪些原则呢？一是要坚持制度管理，制度管理才能有理有据；二是注重细节，细节决定成败；三是凡事要讲究技巧，不要蛮干；四是要讲究效率，效率才能产生效益；五是分工合作，发挥团队力量。

制度管理

一、班组管理需要哪些制度

建立一整套科学合理的管理制度，是班组形成有效工作程序和管理程序的重要保证。

管理制度是对组织机构正常运行的基本方面规定活动框架，调节集体协作的行为规范。一个组织要实现组织目标，形成组织管理制度是有力的措施和手段之一。组织制度作为员工规范行为准则，可以使组织有序地开展各种活动。

卓越的管理必然是科学的管理，科学的管理就要求组织在管理活动中建立严格、高效、合理的管理制度体系。严格的制度或许满足不了一线管理者挥洒自如的快意，但可以确保班组运转的稳健和效率。按制度办事不是对班组长个人的挑战，而只是把管理层的思想、风格规范化和效能化，减少内部摩擦。

需要注意的是，按制度办事，并不意味着呆板与沉闷，也要有灵活性，即在规章制度可容许的范围内具体问题具体解决。

要搞好班组管理，首先要制定并健全班组规章制度。所谓的班组规章制度，是指班组对生产技术、产品质量、经济活动、安全文明生产、思想政治工作、生活学习等方面所制定的各种规则、章程和办法的总称。它是班组全体员工必须遵守的行动规范和行为准则。班组规章制度必须严格贯彻执行组织的规章制度，结合生产班组实际，从生产、技术、经营、服务活动的实际需要出发，建立简明扼要、易于执行、便于检查的管理制度。

班组管理规章制度的重点是岗位责任制。岗位责任制是按照生产工艺、工作场所、设备状态和工作量的情况，科学合理地划分岗位，明确每个岗位的任务、责任和要求，实现定岗、定员、定责的工作制度。它主要包括：

① 交接班制度；

② 生产建账制度；

③ 质量负责制度；

④ 岗位练兵制度；

⑤ 安全文明生产制度；

⑥ 经济责任制度。

二、建立制度管理有哪些方法

1. 建立制度管理的具体方法

制度是为完成现场的生产目标，维持生产现场良好秩序必须遵守的约束。建立制度管理有以下方法。

① 班组长要对本单位的各种情况进行调查研究，包括社会环境、自然环境、人员情况、工作任务，以及以前的工作方法、管理方法等。只有了解了这些情况，才能制定出合理的管理制度。

② 班组长所要制定出的班组管理制度，必须合理、科学、公平、详细，且具有可操作性，这是有效实行制度管理的关键之一。如果员工觉得制度不合理，产生反感，实践中就会很随意地触犯和抵制它。在制定时班组长可以民主一点，多征求大家的意见，但最后还必须要集中，把民主与集中统一起来，根据工作任务与管理来定。

③ 在制度设计上还应充分考虑如何将制度的设计目标与执行者的切身利益最大限度地联系在一起。如果班组长要进行一次班组管理方法的变革，一定要争取到相当一部分人的支持，特别是上级领导的全力支持。因为管理方法变革总会触动一部分人的利益，而这一部分人制造的阻碍，没有上级的帮助很难顺利清除。

④ 班组管理离不开制度设计和制度创新，这一环节做得好，管理绩效方面就会事半功倍；否则，不仅事倍功半，甚至费力不讨好。

⑤ 在制定的制度中，一定要有相应的奖惩制度和监督制度，且必须十分严格，这样才能保证组员们很好地执行和遵守制度，也才会起到制度管理的效果。

2. 制定规章制度应注意哪些问题

制定规章制度应注意以下问题。

① 不草率从事。为了应付差事，草率地订出一份管理规章，根本不向员工宣布，这没有任何实际意义和价值，当然更谈不上执行。

② 不抵触法规。有的规章制度条文与现行政策、法令和政府的规定相抵触而无法发挥效力。当然公司在改革中出现一些新的规章制度超越了现行政策界限，但有利于发展生产和国家利益，则另当别论。

③ 不自相矛盾。上下条文互不衔接、自相矛盾，使组织内的此规定与彼规定有冲突，让人无所适从。

④ 不违背常理。过于苛严，大家难以做到，惩罚措施过于严重，导致员工产

生抗拒心理。

⑤ 切合实际。过于细密，实际执行中难以行得通，或执行起来反而降低效率，而条文制定得过于宽泛，对员工又起不到约束作用。

⑥ 不形同虚设。订而不用，对违规者不按规定处理，姑息纵容，或在执行中因人而异，亲疏有别，导致制度自行废施，成为一纸空文。班组制度必须做到严格执行，一视同仁。只有这样才能彻底实现制度化管理。

三、班组如何实施和贯彻管理制度

人是最重要的因素。在班组生产现场，班组长只有加强与员工之间的沟通与交流，让员工彻底地执行工作现场的规则，班组长及各级管理者的指示和命令才能得以顺利执行，作业才能正确无误地得以进行。因此，在班组员工的沟通交流中，有效地宣教现场工作规则、维持现场工作规则，是班组长的重要工作之一。

1. 让员工了解现场规则

首先要让员工了解基本的现场规则，并向员工宣读表 5-1 所列内容。

表 5-1　现场规则

规则	具体内容
问候	①早晨晚上的问候语要大声地说 ②在通道上碰上来往客人时，要行注目礼
时间规律	①以良好的精神状态提前 5 分钟行动 ②作业在规定的时间开始，按照规定时间结束 ③会议按时开始，也应按时结束 ④休假应提前申请
服装	①要穿着与工作场所的作业相符合的服装 ②厂牌是服装的一部分，必须挂在指定的位置 ③作业服要干净
外表修养	①男性不要蓄胡子 ②不要留长指甲、涂指甲油 ③保持口气清新 ④女性应化淡妆
吸烟	①只在规定时间内吸烟 ②只在指定场所内吸烟 ③不乱丢烟头

规则	具体内容
言行	①对上级要正确使用敬语 ②作业中不要说废话 ③不可在工厂中跑动 ④不做危险的动作
遵守约定的事	①对指示的内容，在催促之前报告其结果 ②借的东西要在约定时间之前返还 ③看到了整理、整顿的混乱，不要装着没看见，可自己处理，也可告知责任部门
认真地工作	①按作业标准进行正确的作业 ②确认了指示内容后再采取行动 ③发生了不良品或机械故障，应立即报告 ④不在生产现场和通道上来回走动

2. 分析不遵守现场规则的问题及原因

（1）问题

如不能遵守现场规则，就会发生以下问题：

① 员工懒散，工作没干劲；

② 不按指示去做，且同样的问题重复发生；

③ 迟到了，也没有人去注意，迟到者像没事一样；

④ 没有生产现场整体的总结，无论做什么都不会进行总结；

⑤ 完不成生产任务，好像与己无关，且在现场也没有以后应该如何去改善的氛围。

（2）原因

① 员工不了解现场规则；

② 班组长总是把责任推到员工身上；

③ 管理人员从来没有和员工说过话；

④ 班组长对作业的失误不会自我批评；

⑤ 作业者对提高自己的能力缺乏自主性；

⑥ 现场内的告示太少，生产状况、目标之类的情况没有传达给现场，使生产人员不知道应该干什么。

3. 改正不遵守规则的方法

通过以上分析，可以看出不遵守现场规则的原因，主要在于管理者与员工的沟通交流存在问题，沟通渠道不健全。班组长应采取一些对策，制造有生气、有效率的生产现场氛围。

① 管理者引导。现场管理者首先自己应该熟知并严格执行这些规则，起到示范作用。

② 对员工交代工作应清楚明确。向部下交代工作可运用 5W1H 法，即做什么、为什么这样做、在什么时候做、何时完成、在何地做、怎样做。

③ 信息交流。生产现场信息的交流主要包括必要的生产所需的情报的交流。

④ 评价工作结果。对明确指示必须执行的工作，要部下报告结果，看是否与期待的结果相符合，为提高成果，有必要对成果作公平、积极的评价。

第二节　注重细节

一、树立管理无小事意识

"天下难事，必作于易；天下大事，必作于细。"班组长必须高度重视管理的每一个细节，包括工作环境、操作安全等，避免由于工作的疏忽给公司造成不必要的损失，给员工带来身体的伤害。

管理是由细节组成的，细节是提高工作质量的基础。细节到位取决于观念的改变。相同的问题站在不同的角度就会得出不同的结论，对细节的看法取决于班组长思想意识和观察力、洞察力和分析问题的能力。因此，转变观念才能注意到细节，才能通过细节把握全局。如果不善于对细节进行分析，就不可能有正确的决策。

管理无小事，做好小事，才能成就大事。产品质量的高低取决于工作的细节程度，只有将工作细节做到位，在事无巨细的管理中显示出管理的水平，将一般人不注意的小事做好，才能将班组工作做好。

我们无论在做什么事，往往会忽略细节，总以为这是小问题。其实细节才是最容易出现问题的地方。"注重细节，从小事做起"是班组长的管理原则之一，也是班组长的成功必经之路。

对于高层管理者而言，其工作原则是"行政长官不过问琐事"，其主要精力应该放在管理企业的战略发展方向、重大政策的调整上。对于一名班组长而言，根据其定位，要求关注现场工作中的所有环节，绝不能有丝毫的疏忽，否则就可能造成某种失误、事故，甚至出现重大的事故。

因此，班组长在管理中必须要遵循"管理无小事"的原则。做到班前布置，中间控制，事后检查。班前要对员工们进行工作布置和重视讲明注意事项，中间要对班组生产的进度、质量、方向等几个方面进行恰当的及时控制，事后还要进行检查和总结相关经验。

二、认真实践"管理无小事"

作为班组长，在目标管理过程中，除了抓好常规的事情以外，还要关注一些容易被忽略的细节。因为细节是班组工作的特点之一，如果忽略了对细节的处理，那么你就不可能是一个合格的班组长。

"细"是指任务分配细，各种考核细，管理工作细。持之以恒的精耕细作是对班组管理的基本要求。不能务实，不能落实，就忽略了工作的影响因素，人、机、物、法、环中的每个细节影响的是工作的绩效，只有把握好每个细节，你的工作才能有效进行并达到目标。品质的改善，需要一点一滴的进步，需要细节的关注。在品质稳定的前提下，效率的提升，抓的是一分一秒。

要时刻记住：细节决定成败。

《细节决定成败》的作者汪中求，在担任 CEO 的三年时间里，将视野从专注营销，转向整个企业经营管理的动作。他以大量案例对"细节"在管理中的重要性进行了论述，告诉我们，企业界精细化管理的时代已经到来。揭示了芸芸众生能做大事的实在太少，多数人只能做一些具体的事、琐碎的事、单调的事，也许过于平淡，但这就是工作和生活，是成就大事的不可或缺的基础。

中国决不缺少雄韬伟略的战略家，缺少的是精益求精的执行者；决不缺少各类管理制度，缺少的是对规章条款不折不扣的执行。所以，作为卓越班组长一定要注重细节，努力培养自己的执行力，培养班组成员的执行力。

如果总是好高骛远，不能踏踏实实地做好平凡的工作，也就等于没有为自己的进步打下坚实的基础。

三、注重上下班时的关键时点

一个完整的过程必然是有始有终的，工作也是如此。通常刚上班十分钟的时候便容易出现这样的情况，比如，人员迟到、矿工、情绪差、不稳定，材料出现缺料、品质差，机器出现异常、故障或缺工艺文件等各种情况。而结尾的时候总体上可能比开头要稍微好一点，但人员方面的因素会更多，比如人员早退、上厕所、串岗、聊天、怠工等，心情浮躁，囫囵做事。

1. 上下班时点内容出问题的原因

上下班时点多事的根本原因在于一个变字，因为变，所以事多。比如上下班交替变化之际，这时候现场的"4MIE"因素都要发生变化，会导致不稳定，因此，也就容易形成事端。通常开头的时候变因主要有下面几种。

① 人员：迟到、旷工、情绪差、不稳定；
② 机器：异常、故障；
③ 材料：缺料、品质差；
④ 方法：缺工艺文件、首件加工发生故障；
⑤ 环境：指标欠佳，能源不足。

另外，下班时的收尾工作也可能做不完善，如：忘记关灯、机器电闸等。

2. 如何管理好上下班的关键时点

作为班组长，该如何做好员工的上下班管理呢？一般来说，主要是要提高员工的整体素质，确保员工能实行自主管理，并认真负责地工作。具体做法如下：

① 班组长以身作则，凡事自己先做好；
② 总结上下班时段经常出现的问题，建立对策，形成制度，严格执行；
③ 从管理机制上采取预防措施，彻底清除人员的思想影响；
④ 在平时的工作、开会和培训中多言传身教，潜移默化；
⑤ 必要时请求上级支援，让他们在上下班时段出现在现场。

第三节 / # 讲究技巧

一、了解组员对你有什么期望

工作中，班组长必须意识到其主要责任是对人的管理，而不是直接针对每天的技术性工作的管理。因此，班组长首先必须转变"如果要把工作做好，必须亲自动手"的观念，讲究工作方法。

讲究工作方法是对新时期班组工作提出的新要求。班组长必须根据班组工作环境的变化，及时调整和创新工作方法，使自己能够按照班组工作的新特点和新要求，并结合工作的实际，正确有效地开展工作。

组员对班组长一般有以下 6 个方面的期望。

1．办事要公道

办事要公道说起来容易，但做起来却异常艰难。我国由于过去长期受传统的小农经济和计划经济的影响，公平常常被错当成平均主义，所以需要班组长在分配工作中必须做到办事公道，奖罚分明，分配利益时也要做到公道，只有这样才能够服众。

2．关心部下

缺乏对员工在工作、生活上的关心和了解，员工自然也不会对你满意。

3．目标明确

目标明确是做领导的一个最重要和最起码的前提。作为一个班组长，目标也应该非常明确，否则就纯粹是一个糊涂官。

4．准确发布命令

班组长作为一线的指挥者，发布命令的准确程度应像机场上的管制员给飞行员发布命令一样的准确，否则容易产生歧义，在命令的传播过程中，必然会出现各种不必要的失误，造成工作中的事故。

5．及时指导

工作中，下属总是希望自己能时常得到上级的及时指导，因为上级的及时指导就是对下属的关注和培训。

6．给予荣誉

作为班组长还应做到非常慷慨地把荣誉和奖金与大家共享，你部下的劳动模范越多，你的工作就能做得越好。

一般来讲，做好生产现场的班组长应当了解以上的问题，但这还远远不够，还必须更仔细、更准确了解公司的企业文化、领导习惯，以及员工的性格特征，物料的过去、现在、将来的情况，车间设备的使用状况等。

二、有效调控成员之间的纷争

班组成员是班组长开展生产工作的主要依靠力量。但是，由于种种原因，班组成员常常容易产生一些纷争，这种纷争如果得不到有效的控制，很容易使班组成员之间的安全生产力量相互抵消，影响工作目标的实现。因此，班组长必须采取各种方式，有效地调控成员之间的纷争。班组长在掌握基本原则的基础上，还必须对具体的调控对策进行探讨和选择。

1. 把班组文化转化为班组成员的价值观念

调控纷争首先要从班组成员的思想上进行调控，而良好的班组文化在这方面有着不可替代的作用。班组文化的内涵是非常丰富的，在这里主要是指班组的生产目标、价值观念、管理理念、管理制度、行为规范等。班组文化的建立及其在班组成员中的渗透，是形成优良团队的基础。它一旦成为每个成员的自觉意识，就会使得班组成员的安全思想和行为，自觉地服从于企业发展的大局，尽可能减少或避免纷争的产生。所以，班组长为了使班组成员之间的纷争减少到最低限度，或纷争一旦出现，成员就能自觉地自行解决，就一定要着眼于发展大局，积极构造班组安全文化，并运用各种手段把它转化为成员的安全价值观念。

2. 构建调控纷争的机制

构建班组和谐文化，能够使班组成员之间尽量不发生纷争，其作用是使班组成员之间不愿发生纷争。如果把它看作是调控纷争的"软对策"的话，那么，就必须有与之相对应的"硬对策"，使班组成员之间不敢发生纷争。要做到这一点，班组长就必须从建立科学的调控纷争的机制入手。这个机制应该是一个系统，并且能够封闭。主要应该包括两个方面：从作用上讲，它包括激励和约束两个方面，使顾全大局的成员得到褒扬，使制造纷争的成员受到惩罚；从程序上讲，它包括各个环节上的责、权、利，使成员做到在其位、谋其政、行其权、尽其言、获其利。

3. 建立有效的信息沟通机制

能够有效地调控班组成员之间的纷争，是班组稳定和发展的重要前提。任何纷争的加剧和扩大，都会严重制约班组的稳定和发展。现代社会的一个重要特征，是不断增多的信息量和不断加快的信息流通速度，能否保证信息沟通渠道的畅通，已经成为人际关系是否密切的基础。一方面，班组成员间的很多纠纷与信息的无法交流、沟通不无关系；另一方面，班组长是否能够有效地调控成员之间的纷争，也与信息沟通是否及时准确密切相关。如果信息沟通不及时、不准确，成员之间的纷争就势必加剧。因此，班组长要努力构建信息沟通机制，疏通信息沟通渠道，使信息的有效传输成为调控班组成员之间纷争的重要手段。

4. 营造在合作基础上的竞争氛围

合作与竞争是矛盾的两个方面，没有合作的竞争，就会使班组陷入无序状态，发生无谓的纷争；没有竞争的合作，则会使班组失去应有的活力，存在着潜在的危机。由此看来，如何通过合作与竞争的相对平衡，确保班组既有活力又有秩序，是班组长有效调控纷争必须面对的两难问题。一方面，班组长要把竞争限制在合作的范围内，凡是不利于合作的竞争，都要加以规范和限制，否则，竞争越激烈，对班组合力的破坏就会越大；另一方面，合作要以竞争为保证，竞争实质上是个人优势得以发挥的动力，只有个人优势得以显现，才会使班组在扬长避短的同时做到优势互补，在这个基础上的合作，才是真正意义上的合作。

班组长调控纷争有以下 4 个原则：

① 求同存异的原则；

② 双赢的原则；

③ 换位思考的原则；

④ 选择关键调控点的原则。

三、正确处理方方面面的人际关系

班组长的人际关系主要是与上级、与同仁、与下属三种关系，其不同的关系具有不同的处理原则。

1. 如何与上级打交道

（1）与上级相处要领

① 尊重上级，但不害怕上级，事先整理好要谈的内容，以轻重缓急做好记录；

② 用计划和数据说话，不可乱讲，听取上级的指示并牢记；

③ 不发牢骚，不要只提出问题，而不提出解决问题的方案；

④ 与上级意见相左时，问明原因，讨论但不顶嘴；

⑤ 见上级时，应选对时机，不宜挑选上级过忙或有紧急事情要处理的时候；

⑥ 工作进行之中，应不断提出进程报告，报告是建立上下级关系的基础。

（2）面对上级批评要领

① 批评是上级在履行职责；

② 表现出应有的气量，不要顶嘴，也不可表现出不在乎的态度；

③ 低头不语，偶尔点头；

④ 若要辩论，先说"对不起"；

⑤ 众人前挨骂也不在乎别人的想法；

⑥ 了解上级在骂什么，改过就是，权当教导；

⑦ 找个倾听对象（亲戚朋友）倾诉一番，不要积压在心中；

⑧ 次日要早到公司，以最好的精神与上级和同事打招呼，不能带有怨气。

2. 如何与同仁打交道

① 尊重对方，不可自傲自满，不可凡事都自认为有一套；

② 不讲同事的坏话；

③ 不可自吹自擂；

④ 多沟通、多协调、多合作；

⑤ 多站在对方的角度想问题，少站在自己的角度想问题；

⑥ 积极与人合作。

3. 如何与下属打交道

（1）讲话的艺术

① 不可太快，一句一句讲清楚；

② 不可太长，不可啰嗦，避免说话一再重复；

③ 不可太抽象，重点要加强，声音要有高低，说话要有节奏。

（2）倾听的艺术

① 少讲多听，不可打断对方讲话；

② 认真听，不可不耐烦，学会换位思考；

③ 控制情绪，保持冷静；

④ 不争论，不批评；

⑤ 多发问，表示认真在听。

（3）批评的艺术

① 批评什么事情要明确指出；

② 弄清事由后再批评；

③ 不可当众人之面批评人；

④ 就事论事，不搞人身攻击；

⑤ 不可骂粗话，不可伤人自尊心；

⑥ 情绪不好时最好不要批评下属。

四、及时化解工作中的各类难题

1. 婉言拒绝不合理请求

身处班组长的位置，你一定经常遇到这样的问题：一位同事突然开口让你帮他做一项难度很高的工作，让你实在左右为难。作为班组长，你不要先答应或拒绝，而应该先倾听，然后再说"不"，这样可能效果会好一些。当你的同事向你提出要求时，他们心中通常也会有某些担忧，会不会马上被拒绝，担心你会给他脸色看。因此，在你决定拒绝之前，首先要注意倾听他的诉说。

比较好的办法是，请对方把处境与需要，讲得更清楚一些，接着向他表示你了解他的难处，不过你也很难做，若是对方换位想想也一定会如此。这样，相信他能够理解。

采取温和而坚定地说"不"的方式，对方也容易接受。当你仔细倾听了同事的要求，并认为自己应该拒绝的时候，说"不"的态度必须是温和而坚定的。委婉表达拒绝，比直接说"不"让人容易接受。

班组长在拒绝不合理要求时，除了可以提出替代建议，还要隔一段时间主动关心对方情况。有时候拒绝是一个漫长的过程，对方会不定时提出同样的要求。若能化被动为主动地关怀对方，并让对方了解自己的苦衷与立场，可以减少拒绝的尴尬与影响。当双方的情况都改善了，就有可能满足对方的要求。拒绝的过程中，除了技巧，更需要发自内心的耐性与关怀。若只是敷衍了事，对方其实心里很清楚，这样下去更让人觉得你不是个诚恳的人，对人际关系伤害较大。总之，只要你是真正有困难而采取的拒绝，对方一定会体谅你的苦衷。

2. 委婉地传递坏消息

如果你刚刚才得知，在你班组工作中出现了一件很挠头的事，而这件事又得必须由你的上级领导出面才能解决。如果这时你立刻冲到上级的办公室，报告这个坏消息，就算不关你的事，也会让上级质疑你处理问题的能力，弄不好还会惹来一顿骂。此时，你应该遇事不慌并沉着冷静，以不带情绪起伏的声调，从容不迫地说出事情的原委，千万别慌慌张张，也别使用"问题"或"麻烦"这一类的字眼；要让上级觉得事情并非无法解决，而让人听起来像是你将与上级站在同一阵线，并肩作战。

如果是需要传达给下属的坏消息，一定不要夸大其词或带有个人色彩的说辞，要沉着冷静地客观表述问题，以免给下属造成不必要的心理压力。

3. 巧妙回避不知道的事情

当遇到了向上级或下属不太好回答或者根本就不知道，但是又必须回答的问题时，不要直接讲"不知道"，或把这个问题推给别人。你应该巧妙地回避你认为不太好回答的问题。

例如，回答上级的问话时，你可以这样说："这件事我知道，正在研究怎样解决，请您给我半小时的时间，好吗？"回答服务对象问题时，你可以这样说："这种情况我已经知道了，请您再给我点时间，让我想一想，一个小时后给您答复，可以吗？"对组员的回答可以这样说："不要着急，这件事我会帮你妥善解决的，但你得给我些时间，如何？"

对上级说不知道，上级会认为你对工作不负责任，没有责任心；对服务对象说不知道，服务对象会认为你不配当负责人，觉得你是个外行；对组员说不知道，组员会认为你啥也不是，没有工作能力，以致你逐渐在组员心中失去威信。

巧妙地回答你不知道的事情，不仅暂时能为你解围，也会让其他人认为你在这件事上很用心，只是一时间不知该如何启齿。不过，事后可得做足功课，按时交出你的答复。

4. 巧妙应对下挤上压

作为班组长会时常受到一些来自上下的压力。面对压力，你要保持良好的心态。没有哪个人是喜欢批评而厌表扬的，除非是"被虐待狂"。因此，如因工作失当或绩效不佳，成为上级发泄愤怒的"受气包"，对谁都是痛苦而可怕的体验。纵然如此，我们也不可以将不满的情绪写在脸上。不卑不亢的表现会使你看起来更有自信，更值得别人敬重，让人知道你并非一个刚愎自用或是经不起挫折的人。

由于每个上级的工作方法、修养水平、情感特征各不相同，对同一个问题的批评方式就会表现出明显差异。作为班组长，你不可能去左右上级的态度和做法。所以应认识到，只要上级的出发点是好的，是为了工作，为了大局，为了避免不良影响或造成更大的损失，哪怕是态度生硬一些、言辞过激一些、方式欠妥一些，作为班组长，你也要适当给予理解和体谅；反之，如果不去冷静反思、检讨自己的错误，而是一味纠缠于上级的批评方式是否对头，甚至出言当面顶撞，只会激化矛盾，更加有损于自己的形象。

同样，在管理过程中，班组长也时常会遇到一些来自下面的不顺心的事情，即遭到下属组员的挤兑，虽然其表现的形式各有千秋，但实质只有一点，那就是对班组长的不敬，对班组长管理能力的挑战。因此，作为班组长，你必须努力提高自身的管理水平，从容应对，全面出击，制服所有的犯上作乱者，赢得应有的威信。

下挤上压，是班组长最为难受的事情。其实，班组长感受组员的挤兑程度与控制力呈反比。也就是说对组员的控制力越小，组员的挤兑就越大。在面对组员的挤兑时，班组长的心理承受力有很大差异，有的班组长在面对小小压力时就会手忙脚乱、惊慌失措；有的班组长在面对很大的压力时也能稳若泰山、处变不惊。心理承受力就好像是一个安全气囊，在个人和压力源中间起到缓冲作用，防止情绪过载，造成心理应激。

因此，无论在什么时候，作为一名班组长，你必须记住，遇事不要惊慌失措，要沉着冷静。在遇到组员挑起事端的时候，应遵循以下解决原则：

① 把隔阂消灭在萌芽状态；

② 尝试做到最大的忍耐；

③ 尽量做到相互间体谅，让组员体会你的难处；

④ 弄清事件真相，争取主动。

5. 正确处理班组成员所犯错误

世上没有完人，不论是谁都会不自觉地犯些错误，组员也不例外。那么，当组员犯了错，你应该如何对待他们呢？

俗话说："大树底下好乘凉"，倘若你能给你的组员提供一个好乘凉的地方，那么你的组员将会由于你的施恩而"报效"于你。在上级眼中，你就是好"头头"。你的组员犯错，即等于是你的错，起码你是犯了监督不力或用人不当的错误。所以组员闯祸后，你先要冷静检讨一下自己。如果完全是因为组员自己的疏忽，可把他叫到跟前来，冷静地向他分析整件事情，告诉他错在什么地方，并冷静地把事情处理好，切忌大吼大叫。

要是组员犯错时，你也有间接表现，那你与组员单独会面时，必须将事情弄清楚，并一起去研讨犯错的前因后果，同时鼓励组员以后多多与你磋商。无论成因是哪一种，切忌向组员大发雷霆，尤其是在大庭广众之下。你尊重他，他才会更内疚，更敢于正视问题。同时也避免日后跟你闹情绪。还有，如果在你的上级面前，一味推卸责任，这只会令上级反感。你应该有领导者的风度——与组员一起承认过错。

另外，即使有诸多是非，你仍站在组员一边，替他挡驾。不过，挡驾也不能毫无原则。你首先应对事情进行全面了解，找出问题所在，并对组员不当行为进行分析。组员不当行为分析见表 5-2。

表 5-2 组员不当行为分析表

组员工作态度	1. 无故缺席、迟到、早退的情形增加	
	2. 上班时间沉浸在娱乐场所	
	3. 工作的内容不变，业绩却急剧下降	
	4. 有事外出，碰到紧急要事却联络不上	
	5. 热衷于兼职事业	
组员交友和生活的态度	1. 私人的访客变多	
	2. 很多私人的电话	
	3. 突然变得奢侈、挥金如土	
	4. 私自接受客户的吃请或礼金	
	5. 有花边新闻或家庭不和的谣传	

续表

组员对财物的处理	1. 没写出货单就出货	
	2. 没写退货单就处理退货	
	3. 申请费用时，没有收据凭证	
	4. 伪造收据的日期或金额	
	5. 更改销售折扣或更改销售价格	
组员个人的谈话或传言	1. 经常扬言说要辞职	
	2. 谈话中透露为借钱而苦恼	
	3. 有私事的情形变多	
	4. 赌博的情形变多	
	5. 有敲诈顾客的传言	

6. 关键时刻果断处置问题

处事果断、敢说敢当是优秀班组长应具备的素质。关键时候果敢决策能够给组员一种权威感，让人不觉得你是个优柔寡断的人。不过，果敢不是草率和盲目行事，而是要在深思熟虑后的快刀斩乱麻。

没有果断处理问题的能力，缺乏决断力，就不可能在管理岗位上有所建树。关键时刻果断行事，一是可以停止不良影响的继续发生，起到亡羊补牢的作用；二是能够树立班组长的威信；三是可以得到"杀鸡儆猴"的目的。

不过当班组长要对某位组员的不良行为做出果断处理时，要把辞退、降薪、奖惩、调遣等方案形成通报材料，在班组会上公布出来，填写组员处理通报单（表 5-3），并抄报上级。

表 5-3　组员处理通报单

年　月　日　　　　　　组　字　第　　号　　　　　　　班组长：

姓名	现任岗位	调任岗位	调动原因	生效日期	备注

续表

姓名	现任岗位	调任岗位	调动原因	生效日期	备注

第四节 / 讲求效率

一、确定优先顺序

方法正确效率才更高。无头绪地、盲目地工作，往往效率很低；正确地组织安排自己的活动，首先就意味着准确地计算和支配时间。所以，卓越的班组长同样也是效率专家。

多数人都是依紧急性来决定处理顺序，这就是他们总是花费许多时间来救火，而从未着手一个新方案，直到期限又迫至眉睫的原因。

高效卓越班组长究竟应该按照什么样的顺序来决定事情的重要程度？首先是建立优先顺序。建立优先顺序的方式有两种：一是根据紧急性，另一种是根据重要性。

我们把事情按重要和紧急程度可以将事情分为四种类型，图 5-1 所示为优先矩阵图。

A 类是既重要又紧急的事情，对这种事情班组长要立即亲自处理，防止危机进一步扩大。

B 类是重要但不紧急的事情，这种事情虽不紧急但必须花时间去处理，如果不把时间投入在这种事情上，就一定会影响工作的正常进行。

C 类是不重要但紧急的事情，要减少所花费的时间，也可以酌情委托给下属去处理。

D 类是不重要又不紧急的事情，切勿将时间耗费在这种事情上。

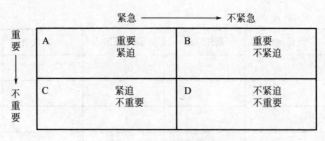

图 5-1　优先矩阵图

工作安排的 4D 原则：

① 重要不紧急——Do it latter（待会儿做）；

② 重要且紧急——Do it now（马上做）；

③ 不重要不紧急——Do not do it（别去做）；

④ 不重要而紧急——Delegate（别人去做）。

二、科学分配时间

如何科学分配时间的方法有很多，这里主要介绍艾维李 10 分钟 6 件事效率法和 80/20 法则的运用。

1. 艾维李 10 分钟 6 件事效率法

① 用 5 分钟列出明天（下周、下月）要完成的 6 件重要事情；

② 用 5 分钟将这 6 件事按照重要程度依次排序；

③ 上班后先做 1 号，完成后再做 2 号，以此顺延，直至下班。

在实际的工作时间的分配中，对上述 A、B、C、D 四类工作应控制一定的时间分配比例。其时间分配如图 5-2 所示。

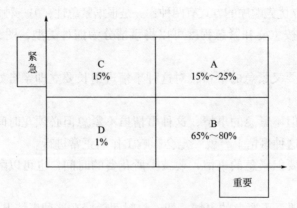

图 5-2　时间分配比例

2. 运用 80/20 法则

19 世纪末 20 世纪初，意大利社会经济学家巴列图认为，任何群中的重要成分一般只是该群全部成分中的极小部分，该原理就是著名的"80 / 20 定律"。

① 研究指出，在所有的销售中，80%的新生意是由 20%的业务员争取到的；

② 在一个讨论团体中，20%的成员做成 80%的建议；

③ 公司里，20%的员工占了旷职率的 80%；

④ 课室中，20%的学生占用了教师 80%的时间。

这个法则可以完全地应用到生活中的每一面。

在应付待完成的一长串工作时，运用巴列图原理获益匪浅。多数人在看到几乎不可能完成的工作表时，还没动手便已意气消沉，或者他们从最容易的先着手，把最困难的放到最后解决，但是，如果你明白完成这张工作列表所得的利益，大多数来自其中两三项时，将对你有所帮助。你可选出这两三项，对每项工作安排一段时间，并专心地将它完成。不要因为自己未完成所列出的工作项目而愧疚，因为只要你的优先顺位没有错，那么大多数的利益便是和你所选的这两三个项目有关。

因此当你面临从一大堆项目中做选择的难题时，记住巴列图原理，问自己究竟哪些才是真正重要的项目，你就可避免把注意力分散到次要的行动上。

三、做到"日事日毕"

海尔有个著名的管理模式 OEC，OEC 管理法（即英文"Overall、Every、Control and Clear"的缩写。其内容：O—Over all 全方位；E—Everyone 每人、Everything 每件事、Everyday 每天；C—Control 控制、Clear 清理），就是"日事日毕、日清日高"：每天的工作每天完成，每天工作要清理并要每天有所提高。

日事日毕包含了以下几点关键因素。

① 合理的计划——这就要求充分掌握自己的情况，并对工作进行正确估计、评价和认识，并充分认识评价可能的风险，非凡的眼光。

② 良好的执行力——如果是正常地去做就没有什么问题了（当然合理的技能和知识也是必备的）。但是往往事与愿违，世界充满意外，你没有想过的，没有遇到的情况会突然冒了出来。这个时候，只要抱着认真负责的态度，充分发挥个人能力，做到日事日毕，这才是最牛的。

"日事日毕，日清日高"不仅对于企业管理很重要，对于员工个人来说也非常重要。坚持这个原则，可以保证我们的工作正常有序，且保质保量地完成。班组长要高效工作，也必须坚持日事日毕工作原则。

"日事日毕，日清日高"是自我事务管理的黄金法则，它实际上包含两层意思：一是今日事今日毕；二是每天进步一点点。

拖延的习惯最能损害及降低人们做事的努力程度。因此你应该今日事今日毕，否则可能无法做大事，也不太可能成功。所以应该经常抱着"必须把握今日去做完它，一点也不可懒惰"的想法去努力才行。

歌德说："把握住现在的瞬间，把你想要完成的事物或理想，从现在开始做起。只有勇敢的人身上才会赋有天才、能力和魅力。因此，只要坚持做下去就好，在做的历程当中，你的心态就会越来越成熟。能够有开始的话，那么，不久之后你的工作就可以顺利完成了。"

有些人在要开始工作时会产生不高兴的情绪，如果能把不高兴的心情压抑下来，心态就会变得愈来愈成熟。而当情况好转时，就会认真地去做，这时候就已经没有什么好怕的了，而工作完成的日子也就会愈来愈近。总而言之，必须现在就马上开始去工作，才是最好的方法。

凡事都留待明天处理的态度就是拖延，这不但是阻碍进步的恶习，也会加深生活的压力。对某些人而言，拖延是一种心病，它使人生充满了挫折、不满与失落感。虽然大多数人拖延的主要原因只有一个，那就是害怕失败。但是喜欢拖延的人总是有许多借口：工作太无聊、太辛苦、工作环境不好、老板脑筋有问题、完成期限太紧等。所以，从现在起就下定决心、洗心革面。

拿支笔来，将下面几项对你最有用的建议标明出来，并且把这些建议写到另一张纸上，再将它放在你触目可及的地方，如此可有助你完成改革行动。

① 列出你立即可做的事。从最简单、用很少的时间就可完成的事开始。

② 持续5分钟的热度。要求自己把已经拖延的事项不间断地做5分钟，把闹钟设定每5分钟响一次；然后，着手利用这5分钟；时间到时，停下来休息一下，这时，可以做个深呼吸，喝口咖啡，之后，欣赏一下自己这5分钟的成绩。接下来重复这个过程，直到你不需要闹钟为止。

③ 运用切香肠的技巧。所谓切香肠的技巧，就是指不要一次吃完整条香肠，最好是把它切成小片，慢慢品尝。同样的道理也可以适用在你的工作上：先把工作分成几个小部分，分别详列在纸上，然后把每一部分再细分为几个步骤，使得每一个步骤都能够在一个工作日之内完成。每次开始一个新的步骤时，不到完成，绝不离开工作区域。如果必须要中断的话，最好是在工作告一个段落时，使得工作容易衔接。

四、善用时间管理工具

时间管理有很多种方法和系统，而 Getting Things Done（GTD）就是其中一套行之有效的，也是现在最受欢迎的系统。GTD 中文释义就是"把事情做完"，GTD 的核心理念概括一句话，即：你必须记录下来你要做的事，然后整理并安排自己一一去执行。GTD 的五个核心原则是：收集、整理、组织、回顾、执行。

GTD 的工具软件很多，都非常精准且高端，大部分 GTD 产品都提供免费服务，各位班组长可以学会具体应用。除此以外，下面的方法也简单实用。

1. 计划管理

计划管理时间的工具有：待办单、日计划、周计划、月计划。

① 待办单：将你每日要做的一些工作事先列出一份清单，并排出优先次序，确认完成时间，以突出工作重点。这样能够避免遗忘，把未完事项留待明日。

② 待办单主要包括的内容：非日常工作、特殊事项、行动计划中的工作、昨日未完成的事项等。

③ 使用待办单的注意事项：每天在固定时间制定待办单（一上班就做），只制定一张待办单，完成一项工作就划掉一项。待办单要为应付紧急情况留出时间，且最关键的一项，每天都要坚持。

每年年末订出下一年度工作规划；每季季末订出下季末工作规划；每月月末订出下月工作计划；每周周五订出下周工作计划。

2. 有效的时间管理

美国管理学者 P.F.Druck 认为，有效的时间管理主要是记录自己的时间，以认清时间消耗在何处；管理自己的时间，设法减少非生产性工作的时间；集中自己的时间，使时间由零星到集中，成为连续性的时间段。

3. 时间 ABC 分类法

将自己工作按轻重缓急分为：A（紧急，重要）、B（次要）、C（一般）三类。即安排各项工作优先顺序，粗略估计各项工作时间和占用百分比；在工作中把实际耗用时间记录下来；将每日计划时间安排与耗用时间进行对比，分析时间运用效率；重新调整自己的时间安排，更有效地工作。

4. 考虑不确定性

在时间管理的过程中，还需应付意外的不确定性事件，因为计划没有变化快，需为意外事件留时间。有三个预防此类事件发生的方法。第一是为每件计划都留下多余的预备时间。第二是努力使自己在不留余地又饱受干扰的情况下完成预计的工作。这并非没有可能，事实上，工作快的人通常比慢吞吞的人做事更精确些。第三是另准备一套应变计划，以备不时之需。

在工作中要很好地完成工作，就一定要善于利用自己的工作时间。工作是无限的，时间却是有限的。时间是最宝贵的财富。没有时间，计划再好，目标再高，能力再强，也无济于事。时间是如此宝贵，但它又是最有伸缩性的，它可以一瞬即逝，也可以发挥最大的效力，时间就是潜在的资本。所以，要充分、合理地利用每个可利用的时间，压缩时间的流程，使时间价值最大化。

第五节 / 分工合作

一、班组如何有效分工

班组工作应该进行分工，以保证每个组员都能完成特定的部分。管理专家把这种做法称为工作分工和专业化。

工作的职责和权限，是一个意识问题。班组管理最忌职责不清、分工不明，结果该管的没管到，不该管的也管不好。所以想要搞好管理，必须先明确责任，理清思路，搞好本组组员分工协作，不断地在原有先进的管理方法的基础上，积极创新，找出更好的管理方法。作为班组长，还应该积极学习，不断地补充知识，努力提高管理水平，向现代化的管理要效益。

当然，在工资和奖金的分配上，也应该体现平等和公正的原则。一个好的班组长应该对组员分工明确，记好当日活动记录。

班组是企业安全生产的重要组成部分，它直接关系到安全生产的各个环节，因此，组建科学合理的基层领导班子至关重要。在基层领导班子中，班组长既是管理者，承担着管理、技术指导、组织生产、协调工作、劳务分配等各项工作，又是传达各级精神指示的中间环节，为此，发挥好班组长的正确分工是高效生产的必然要求，具有十分重要的意义。

分工完成后，关键还是执行力。个人执行力是指一个人获取结果的行动能力。只有强大的执行力，才能保证把上级的命令和想法变成行动，把行动变成结果，从而保质保量完成任务。

二、副班组长如何配合班组长工作

有的副班组长由于对自己的角色认识不清，常常产生角色错位，这是需要注意的。

1．找准副班组长自身的角色位置

① 要正确认识与正班组长的关系，既要胸怀全局，又要按自己的分工脚踏实地地做好本职工作，又不可目中无正班组长、我行我素、任意越权。

② 把握好与其他副班组长的关系。每个副班组长都有相对明确的分工，同时，副班组长之间的分工又是相对的，有时相互渗透、相互交叉和延伸。因此，在生产工作中要主动配合，相互协作和帮助，既不能相互推诿，又不能越界工作，既要相互沟通，又要相互辅助、不计名利，从班组全局出发，体现集体领导的工作绩效。

③ 准确把握副班组长自身的职权范围。领导角色与其职权范围都是相对应的。作为副班组长，必须熟悉自己的职权范围，切勿随意拓宽自己的职权范围，也不可随意缩小自己的职权范围，要做到准确定位，做到没有"侵权"现象，也不留"真空"地带。

2．要有良好的个人心理素质

作为副班组长，不但应有一般班组领导所必须具备的心理素质和道德修养，同时还特别要有担任副班组长所需要的特殊的心理素质和个性品质。

① 要自觉维护和强化班组领导集体的权威。副班组长在工作中无论分管哪个方面的事，都应以班组领导的一员的面目出现，代表班组说话，不能将班组集体决策变成个人意见，更不能把班组领导成员在决策过程中的不同声音透露出去。否则会起到涣散班组凝聚力、战斗力的不良作用。作为副班组长，要牢固树立一种信念：拆班组的台就是拆自己的台，给正班组长抹黑就是给自己抹黑。

② 要淡泊名利，期望值适当。作为副班组长，无论是辅佐正班组长，还是与同级副班组长相配合，都不能计较名利。形象是易碎品，一个人长期努力树立起来的威信，会因过高地追求个人利益的愚蠢举动而毁于一旦。

③ 要不卑不亢，学会坚持有限度的忍耐与合理的斗争。作为副班组长，为人处世要虚怀若谷，要有"大肚能容，容天下难容之事"的气度，但又不能当"好好先生"，没有原则、没有见解。对正班组长的一些不正确的做法作出必要的忍让，给他一个纠正和弥补的机会是必要的，但同时要从维护生产原则、正常的工作关系和个人合法利益出发，对正班组长的某些错误做法和不合理的决策，进行必要的策略性斗争。然而，这种斗争是有原则和分寸的，要在维护团结的前提下，通过批评和自我批评达到新的团结。

三、如何加强班组成员的合作

忠诚与合作是紧密相连的，只有彼此忠诚，才能相互合作。忠诚与合作也不是单一的事。一个班组长不论是对上级还是对组员，都应该忠诚，既不能欺骗上级，又不能要弄组员，诚心对待身边的人。只有这样，才能得到上级和组员的支持，合作才能成功。

1. 做好团队合作的4大基础

① 建立信任；

② 良性的冲突；

③ 坚定不移地行动；

④ 无怨无悔才有彼此负责。

团队合作指的是一群有能力、有信念的人在特定的团队中，为了一个共同的目标相互支持、合作奋斗的过程。

调动团队成员的所有资源和才智，并且会自动地驱除所有不和谐和不公正现象，同时会给予那些诚心、大公无私的奉献者适当的回报。如果团队合作是出于自觉自愿时，它必将会产生一股强大而且持久的力量。

2. 掌握团队合作的6个原则

① 平等友善；

② 善于交流；

③ 谦虚谨慎；

④ 化解矛盾；

⑤ 接受批评；

⑥ 善于创造。

班组长要加强与成员的密切合作，配合默契，共同决策和与他人协商；决策之前听取相关意见，把手头的任务和别人的意见联系起来；在变化的环境中担任各种角色；经常评估团队的有效性和本人在团队中的长处和短处。

要成为一个高效、统一的团队，班组长就必须学会在缺乏足够的信息和统一意见的情况下及时做出决定，果断的决策机制往往是以牺牲民主和不同意见为代价而获得的。对于班组长而言，最难做到的莫过于避免被团队内部虚伪的和谐气氛所误导，并采取种种措施，努力引导和鼓励适当的、有建设性的良性冲突；将被掩盖的问题和不同意见摆到桌面上，通过讨论和合理决策将其加以解决，否则的话，隐患迟早有一天会要爆发的。

3. 把握成就"卓越团队成员"的5条原则

① 每个人都很重要；

② 永远不要和他人对峙；

③ 互相鼓励、相互激励；

④ 认可每个员工；

⑤ 不自作主张。

班组长只有做到了上述几个方面，才能实现加强班组成员合作的目的。

练习：班组长合作能力自我测定

下面是一个在日常工作中用来测评自己合作能力，持续改善自己行为的工具。你可以用此测评表做一个自测，了解自己的合作能力。

测评工具：你是一个优秀的团队合作者吗？

请按照以下打分标准进行自测：0—从不，1—几乎不，2—偶尔，3—经常，4—总是；然后将分数填写在题后的空格里。

1．用命令的口吻传递你的期望。（　　　）

2．对他人的看法给予消极的反应、批评和抱怨。（　　　）

3．让他们感觉不被尊重、害怕、没有希望、没有被鼓励。（　　　）

4．如果没有按照你的方式完成工作，你会对已经过去的事情很愤怒。（　　　）

5．面临危机，不是和他们站在一起而是转身离开。（　　　）

6．把你的想法强加给他人。（　　　）

7．打击他人在能力方面的信心。（　　　）

8．拿员工的能力和智慧与自己进行消极比较。（　　　）

9．不参与也不支持他人的愿景和规划，也不解释原因。（　　　）

10．用语言、感受、态度和情绪主宰他人。（　　　）

11．用错误的指责分裂团队。（　　　）

12．用牺牲团队的和谐与团结来证明自己的观点。（　　　）

13．教条、古板、不懂得灵活变通。（　　　）

14．使他人不受欢迎、平庸。（　　　）

15．错误地指责他人、引起他人的厌烦和抵触。（　　　）

16．想尽一切办法占据领导地位。（　　　）

17．拒绝沟通、不屑批评。（　　　）

18．对他人设定不现实的期望和过度压力。（　　　）

19．背后制造流言、贬低他人的领导能力。（　　　）

20．延误他人的工作进展、屏蔽他人的贡献。（　　　）

21．必须获得特殊关注和待遇。（　　　）

22．将议题转移到自己感兴趣的话题上。（　　　）

23．不能以积极的心态处理问题，总是延误或半途而废。（　　　）

24．必须获得感谢、欣赏和奖励才能够继续工作。（　　　）

25. 即使是基础工作也需要他人的辅导和监督。（　　）

26. 对他人的领导动机产生怀疑。（　　）

27. 控制他人的意愿强烈，认为自己永远是对的。（　　）

28. 有意歪曲他人的行为和动机。（　　）

29. 强调他人的弱点，不忘他们曾犯过的错误。（　　）

30. 关注自己短期欲望的满足而不是长期的合作目标。（　　）

总分：（　　）

如何自我评分？

1. 将你的所有得分相加。

2. 用120减去你的得分（如：你的得分是40，120 － 40 ＝ 80，80 就是你的最终分数）。

3. 按照以下分数标准评定自己所属等级。

-40 ～ 0：你是一位很差的团队成员；

1 ～ 40：你是一位较差的团队成员；

41 ～ 80：你是一位合格的团队成员；

81 ～ 120：你是一位优秀的团队成员；

121 ～ 160：你是一位卓越的团队成员。

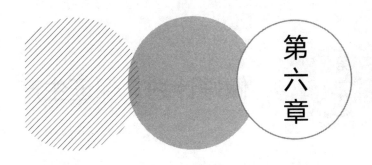

第六章　必须懂得制订科学的工作计划

　　班组长必须认真对待班组计划，要按照企业总体生产计划的要求，把属于本班组的生产任务，从时间上安排落实到月、旬、周、日，以至每个轮班、每个小时，从空间上具体合理地分配落实到生产班组，以至机台、个人，来确保企业生产计划能够按品种、质量、数量和期限完成。班组长必须遵循"目标统领，计划在先"的工作原则，科学详细地制订工作计划，最终保证交货期内完成任务。

　　同时，在给定的投入和技术条件下，做到经济资源没有浪费，实现高效率生产。为此，就必须懂得如何制订科学的工作计划，其主要内容包括：科学制订标准时间、推广应用高效率生产方式、如何防止"窝工"、改善生产效率。

第
一
节

做好计划，保证生产

一、班组生产计划编制的原则与流程

编制班组生产作业计划的目的，是为了把企业和车间的生产任务，更具体地落实到班组的每个人、每台设备上，使班组的生产在全厂统一计划的指导下协调进行，使班组生产能力得到充分利用，保证企业生产任务的完成。

1. 班组生产计划编制原则

班组长在编制班组生产作业计划时，必须遵循下述原则。

① 体现全局观点。编制班组生产作业计划时，必须在车间计划的统一指导下进行编制。有时，在班组看来计划是可行的，但从全局看来是不可行的，班组必须服从车间的安排；有时在班组看来计划是不可行的，但为了保证车间生产任务的完成，班组必须采取积极措施，坚决执行，否则就破坏了计划的统一、协调，失去了编制生产作业计划的意义。

② 坚持平衡，留有余地。编制班组生产作业计划时，一定要坚持平衡，充分利用班组的现有条件，使班组的人员和设备能力、技术水平得到充分发挥，挖掘生产潜力，消除不利因素，把计划指标定在平均水平之上。只有这样，才能调动班组全体人员的积极性和创造性。

反之，以薄弱环节的水平，制订落后的指标，使工人不需努力就能完成任务；或以只有个别人才能达到的最先进的水平，制订冒进的指标；或虽经最大努力也完不成生产任务，这些做法都不利于调动班组人员的积极性。为此，在编制班组生产作业计划时，一定要坚持统筹兼顾，来保证作业计划的实现。

与此同时，为防止意外情况发生，在编制班组生产作业计划时，应考虑班组以往积累的经验和教训，适当地留有余地，以防因出现意外情况而打乱整个班组的生产计划。

③ 发扬民主，落到实处。在编制班组生产作业计划时，要充分发扬民主，发动班组全体人员进行讨论，使每个班组成员都了解本厂、本车间、本班组的生产任务，明确自己的责任，以主人的态度，共同制订保证完成生产任务的具体措施。只有这样，制订出的计划才科学可行，也才能落到实处。

④ 维护计划的严肃性。企业在制订班组生产作业计划时，必须严肃认真，一丝不苟；一经车间审定，必须坚决执行，积极组织班组全体人员去努力实现，不允许敷衍和随意修改或变动；完不成计划要查明原因，明确责任；要调整计划，必须由车间批准。

2. 班组生产作业计划编制流程

班组生产作业计划的编制，应在班组长的组织下进行，由班组内各主要成员参加，计划的编制可根据班组生产的实际情况，采用不同的编制方法，如按生产节拍、在制品定额法、生产周期法等。

其编制流程为：确定生产作业顺序、制定预防性措施、生产技术准备、生产能力负荷平衡。

① 确定生产作业顺序。当生产作业的加工对象不止一种时，为了加快生产进度、缩短加工时间，需要合理地安排生产作业顺序。

② 制定预防性措施。根据班组生产经验，生产作业计划的编制要考虑应对出现意外情况的预防措施，以防措手不及。

③ 生产技术准备工作。检查落实各项生产技术条件。

④ 生产能力负荷核算与平衡。生产能力主要包括设备和生产面积，通过核算生产能力负荷程度，找出薄弱环节和生产能力利用不足的环节，预先制定相应的调整措施，使生产能力负荷均衡、饱满。

二、计划生产型企业如何编制生产计划

计划生产型企业的计划编制，与产能负荷和日程等方面都有密切的联系，它有利于生产计划的组织，保证交货期能够顺利进行。因此，计划生产型企业的计划编制要详细、明确，使人一目了然。

1. 计划程序

（1）明确计划期间

计划生产型的生产计划，按照期间，一般有以下几种：

① 月份生产计划；

② 季度生产计划；

③ 半年（6个月）生产计划；

④ 年度生产计划。

（2）确定计划的内容要点

制订一定期间范围内的生产计划，就必须先确定以下要素：

① 生产什么产品;

② 生产数量;

③ 在何处生产等。

（3）进行产能、负荷分析

将要生产的工作量（负荷），与生产能力比较、分析，加以调整取得平衡，这样，才能使生产计划切实可行。这是生产计划订立中极为重要的作业。

（4）订立日程计划

在一定期间的生产计划基础上，应制订日程计划。

日程计划是实施计划，按详细的时间，分别计划如何进行生产。日程计划实际上是按日别或班别（轮班作业）编制的，所以必须将要生产的产品数量明确化。

拟订日程计划，同样也要比较现时生产能力，进行负荷调整，以确保其是具有保证能力的计划。

2. 计划生产量的确定

（1）计算公式

生产量的确定可通过以下公式计算而来:

生产计划量＝该期间销售计划量＋期末产品库存计划量＋期初产品库存量

其中:

销售计划量：以市场需求预测为基础，由销售部门考虑相关因素（包括部门意志）所计划的量;

期末的产品库存计划量：为防备下期的需要，而预先准备决定的量;

期初的产品库存量：在该期间之前，已经存在的库存量。

（2）确定要点

按以上公式对生产计划量的计算，既适用于"期计划"，也适用于"月份计划"。生产计划的制订，往往是先拟"期计划"、"月份计划"，再拟"日程计划"。

3. 生产能力分析

（1）生产能力分析的内容

生产能力分析的内容如下:

① 要生产哪些产品？生产进度是如何？生产期限是多久？

② 生产这些产品需要哪些材料？每种材料需要多少（按定额和合理损耗来推算）？如何保证这些材料供应？

③ 生产这些产品对技术有什么要求？目前技术力量是否能够满足需要？如果不能，如何解决？

④ 生产这些产品需要使用哪些设备？需要多少设备？

⑤ 生产这些产品需要多少人力？现有多少人力？这些人力够不够？如果不够，差多少？怎样解决人力不够问题？是重新组织，还是补充？

上述问题中，在此着重讲述技术、人力和设备负荷分析。

（2）技术能力分析（表6-1）

对技术能力的分析，可通过制定一些表格、设定栏目来进行。

表6-1　技术能力分析表

产品名称	工序	各工序技术要求		公司现有技术力量		技术差距		解决方法
		人数	水平	人数	水平	人数	水平	
产品一								
产品二								
产品三								
产品四								
产品五								
合计								

（3）人力负荷分析

技术人员在上述"技术能力分析"中已经解决，此处只是分析作业工人。

① 计算人力需求（表6-2）。依据生产计划，针对各种产品的数量和作业标准时间，计算出生产每种产品所需的人力，再将各种产品所需人力加总。

表 6-2　人力需求计算表

项目 ＼ 产品名称	产品 1	产品 2	产品 3	产品 4	产品 5	产品 6	合计
①标准工时							
②计划产量							
③标准总工时							
④每人每月工时							
⑤人员宽裕度							
⑥所需人数							

注：③＝②×①；

④＝每人每月工作天数×每人每天工作时数；

⑤表示必要的机动人数，以备缺员时可以调剂，一般可定为 10%～15%；

⑥＝③÷④×(1+⑤)。

② 比较现有人力与实际需要人力，求出差额。

③ 解决人力不足的方法：一是调整负荷，加长工作时间或增长工作天数；二是向人力资源部申请补充人员。

④ 可设计并运用人力补充申请表（表 6-3）。

表 6-3　人力补充申请表

年　　月　　日

项目部门	补充人数	要　　求						到位时间	补充理由	补充岗位
		学历	资质	经验	身高	视力	其他			
合计										

审核：　　　　　　　　　　复核：　　　　　　　　　制表：

（4）设备负荷分析

① 将所需设备进行分类。根据生产计划，分析完成计划的生产任务需要使用哪些设备，如车床、冲压机、注塑机、焊接机、电镀设备等。

② 计算各种机器设备的产能负荷。计算公式为：

$$单台设备产能＝作业时间 \div 单位产品标准时间$$

$$所有设备产能＝(总作业时间＋总标准时间)\times 设备台数 \times 开机率$$

$$每日应生产数＝每种机器设备的合计计划生产数 \div 计划生产天数$$

③ 比较现有设备负荷。将按上述方法计算出来的产能负荷，减去现有设备产能负荷，则为产能负荷不足或剩余。

④ 解决设备负荷不足或剩余问题。解决方法如表 6-4 所示。

表 6-4　设备负荷不足或剩余问题分析

调整做法 ＼ 余缺状况	不足	剩余
增减设备	增加设备	减少设备
外部	部分外包	外包收回
使用工时	加班或轮班	减少加班或轮班
临时工	增加临时工	减少临时工
开机率	增加开机率	减少开机台数

4. 月份生产计划拟订

（1）月份生产计划必须每月拟订

月份生产计划，不一定只限于一个月期间的计划，同样有可能是三至四个月期间的计划，但都必须每月拟订，这时重复的计划期间就必须重新检讨修正。

（2）每月拟订必须解决的问题

① 产品的变更；

② 库存的调整；

③ 销售计划的修订；

④ 生产能力的变化。

（3）注意事项

计划期间越短，其期间的变更应该会越少。因而必须充分考虑在什么时候应按计划实施，来决定拟订计划的时机与计划的期间。

5. 日程计划拟订

（1）日程计划拟订要点

① 决定日程计划的条件：

a. 作业本身需要多少时间？

b. 各作业必须在何日开始？在何日完成？

② 拟订日程计划时，要确定以下事项：

a. 能力的保证；

b. 对紧急生产量及作业的对策；

c. 对计划变更的考虑及贯彻；

d. 日程计划实施部门的工作计划；

e. 与销售、研发、生产技术、物资等相关职能部门的合作。

（2）日程计划方式

① 负荷管理方式。负荷管理方式是以各基准日程为负荷中心，计算目前手头的订货量，必须加工作业的负荷量，按各中心累计，使负荷同能力相对应，谋求平衡，而制订日程计划的方法。

其重心就是产能负荷的分析、调整，与能力平衡的对策。

负荷管理方式的要领：必须掌握目前手头的工作量何时可以结束，新的工作何时能够开始。其次，必须清楚新的工作大致需花费多少时日。然后，两者加以合计，即可推定"可完成的日期"。

② 基准日程计划方式。基准日程计划的目的是使工作能按预定交货期完成，应该何时开工，何时进行、何时完工的一种标准。以确定自订货到加工，最终成品形成为止所需的工作日数。

基准日程计划方式是使用事先已确定的，从投入到产出所需日数的"基准日程"来进行计划的方式。基准日程的构成见表6-5。

表6-5　基准日程的构成

时间角度	主体作业时间
	辅助作业时间
	宽裕时间（等待加工、待检、待搬运等的停滞）
生产批量角度	同时加工批有多少
	移动批怎么样

"基准日程表"是基准日程的体现，是将各制程依序排列作成一表，具体地

确定各阶段作业从开始到完成日程。

为了按交货期要求完成产品生产，就必须利用基准日程表来决定何时开始筹备，何时开始生产等，即标准地决定缓急顺序，才不会出现材料、零件的过剩、短缺现象，从而能进行合理的生产。

③ 基准日程计划方式的步骤如下：

a. 同销售部门协商，确定订货产品的最后交货期；

b. 以其最后交货期（出货日）作为起点，按一定的规则使用基准日程；

c. 使用基准日程，即从最后交货期做机械性的倒推算；

d. 以一定的规则算出"希望完成的日期"。

6. 库存补充方式生产计划

（1）什么是库存补充方式

有的企业，部分产品可能品种多，但需求量不大，此时在控制产品库存不太大的范围内设定库存的基准，以此作为标准，当库存变少时，即安排生产以补充。这方式称为库存补充生产。

（2）制定方法

① 运用 ABC 分析法，将产品品种按数量的大小顺序排列，确定量大及量小的品种。

② 量大的品种，以销售计划为基础订立生产计划。

③ 量小而品种多的产品，则设定库存基准，依基准决定需补充的数量。

④ 库存量一旦低于基准值就进行生产。这种情形下，低于基准值的时期是不定期，则库存的状况就必须及时、准确把握。

（3）负荷与产能的调整

库存补充生产时，要首先考虑的是必须补充的量与生产能力的平衡，要很好运用库存补充量，也就是需要决定适当的安全库存量，也应进行下述的负荷产能调整。

① 必须补充的量（负荷）＞生产能力时：

a. 把低于基准量的少数品种，转至下次补充生产；

b. 同销售部协商，把适当的品种转至下次补充生产；

c. 减少某些限定品种的补充量。

② 必须补充的量（负荷）＜生产能力时：

a. 把已接近低于基准值的品种挑选出来，作为本次补充生产；

b. 同销售部门协商，即使未低于基准值，只要品种适当，也作为本次补充生产。

③ 适当增加必须补充生产的量。填写企业月份生产计划表（表6-6）。

表 6-6　企业月份生产计划表

拟订部门：生管部

日期：2015 年 12 月 25 日　　　　　　期间：2016 年 1 月至 2016 年 3 月

| 生产批号 | 产品名称 | 数量 | 金额 | 制造单位 | 制造日期 | | 预出口日期 | 需要工时 | 预估成本 | 附加值 | 备注 |
					起	止					

三、订单型企业如何编制生产计划

订单型生产对交货有严格的要求，而且存在许多不确定因素，取决于客户的要求。因此订单型生产计划的编制要更加严密周全，才能保证顺利交货。

1. 订单型生产的特征

① 订单型生产是按客户的订单展开设计生产的形态，其工作的性质，依客户要求的品种、规格、交货期、价格来确定。

② 订单型生产通常客户对交货期的要求严，且每次下的订单同以前完全一样的产品不多，虽非完全是新产品，但都可能有新的设计，大小、尺寸、形状多少有所改变。

③ 订单型生产由于每次下的订单都可能会有所变化，则主要生产原辅料的购置都在接单后才展开，绝大多数情况采购的前置时间较长。

④ 订单型生产订单量时大时小，工作负荷变动大，在量大时，外包的情形多。

⑤ 尽管是订单型生产，每笔订单其产品的品种、规格等都可能有所变动，但就一个企业而言，其产品机能是基本一致的，不同规格、型号的产品间总是有一些共同性的元件、零配件等。

2. 订单型生产相关计划

各项生产相关计划要点如下。

① 产品开发计划。考虑样品的试制与小量的试制，产品开发的进度是日程计划安排的重要组成部分。

② 途程计划。从途程计划中能够知道产能负荷状况，使日程计划安排更切实际。

③ 人员计划。生产现场作业人员的掌握，必须由生产现场主管负责，生产管理部只根据编制来进行计划安排，但应考虑出勤率。

④ 负荷计划。做好生产负荷的计划，是进行顺利生产的保证。

⑤ 库存计划。库存计划可调整长短期订单及季节性产销变化，是生产计划中最为主要的部分。

⑥ 出货计划。按照交货期的优先顺序编制，是生产日程计划安排的目的，生产活动配合的目标。

⑦ 用料计划。按照生产的需要确定用料，并做好计划，配合生产。

⑧ 外协计划。如何善用及建立各项生产相关计划，直接关系到生产管理工作的进行、生产计划的切实可行及落实。

只有适当制订各项生产相关计划，才可完成适时、适量的交货任务。

3. 生产计划的订立要求

订单型生产企业通常采用如下几种计划方式，主要根据需求及能力而确定。

（1）3～6个月生产计划

① 计划内容

a. 各月份的生产数量、批量；

b. 各规格类别的生产数量、批量；

c. 各机种类别的生产数量、批量；

d. 各销售类别的生产数量、批量。

② 订立计划依据

a. 订货记录；

b. 成品库存政策；

c. 各种产品月份批生产数量。

③ 注意事项。紧急订单必须规定其生产计划方式，每月至少修订一次计划。

（2）月份生产计划

经由"3～6个月生产计划"转换订立。

①计划内容

a. 当月份各规格生产数量；

b. 当月份各机种生产数量；

c. 当月份生产日期；

d. 生产各部门、单位。

②订立计划依据

a. 3～6个月生产计划；

b. 订货记录；

c. 紧急订单；

d. 成品库存政策；

e. 当月份各种产品生产数量及日期。

③注意事项

a. 注意连贯上月、本月、次月的生产计划，生产月计划表见表6-7；

b. 考虑人力、材料、机械等各项生产资源的配合。

表6-7　生产月计划表

月份：

生产批次	指令单号	品名	数量	金额	制造部门	生产日程		工时	成本			
						起	止		料	工	费	合计

审批：　　　　　　　　　　复核：　　　　　　　　　制表：

（3）周生产计划

周生产计划（表6-8）经由"月份生产计划"或"紧急订单"转换订立。

表 6-8 生产周计划表

日期： 年 月 日

序号	生产批次	指令单号	品名	计划生产数	计划日程（星期）							备注
					一	二	三	四	五	六	日	

审核： 复核： 制表：

（4）日程计划与实施

① 日程计划的内容。如何对计划进行的生产预先设定时间、顺序、不同产品、批量的衔接等，皆为日程计划要明确的事项或中心内容。

② 日程计划拟定要点

a. 决定基准日程。按作业的制程表、材料表表示开工及完工时期的基准先后顺序。

b. 决定生产预定。依基准日程、生产能力及出货计划的要求（日程、生产量），订立详细的月份生产计划。

c. 研讨均衡生产或顺序排程的可行性。

d. 安排日程：按照交货期先后安排，按照客户优劣安排，按照基准日程瓶颈程度大小安排。

e. 前期作业准备。充分的作业准备及生产日程计划的检讨，确保计划的可行及顺利达成。

③ 日程计划的实施步骤

a. 依生产计划决定月别生产计划。

b. 依基准日程（表）决定产品开工及完工日。

c. 确定个别日程的标准加工时间。

d. 依基准日程资料及机器、人工负荷（工时），决定各基准日程（工序）开工及完工时间。

e. 以生产日程表明确产品开工及完工日。

f. 以作业日程表明确作业、机台别开工及完工日。

g. 确认日程计划的前期生产准备。

h. 必要时，调整、修订日程计划（生产日程、作业日程的开工、完工日期）。

④ 影响日程计划的因素。日程计划是生产作业的具体依据，必须具备可行性。为防止日程计划流于形式，有必要了解以下影响日程计划的因素：

a. 紧急订单的处理；

b. 客户订单及需求的稳定性；

c. 长短期订单的搭配；

d. 季节性的变化；

e. 制造日程的安排；

f. 生产状况的确实掌握；

g. 设备、材料、人员的稳定性；

h. 存货调整的必要性。

四、如何安排紧急生产任务

1. 什么是紧急生产

紧急生产任务泛指那些需要打破常规生产计划节拍，先行制造，急于出货的产品生产。紧急生产任务完成得好坏，是反映班组长管理水平的重要标志。

紧急生产任务与常规生产任务的不同之处在于：

① 出货时间未确定，但越快越好；

② 出货期限紧迫，超出正常的作业允许时间；

③ 运输途径改变，如有可能把陆运变成空运。

2. 紧急生产任务产生的影响

紧急生产任务反映了组织整体的应变能力，是企业生产能力的体现。通常紧急生产任务产生的影响如下。

① 生产任务来得比较突然，各种生产准备尚未就绪，如缺工具、夹具等；

② 出货紧急，没有太多的回旋时间处理争议问题；

③ 生产、检验、试验和实验的步骤需要加快，甚至部分省略；

④ 成品可能没有进入仓库存储的时间。

3. 安排紧急生产任务的方法

遇有紧急生产任务时，要配合上级领导全力安排完成，不得有任何推脱思想。

一般常用的安排方法如下：

① 识别具体的紧急程度（顾及客户指数），区别处理；

② 急事急办，派专人迅速准备"4M1E"事项；

③ 实行简易式（或休克式）方式转产，冻结或清理原有生产过程；

④ 指派优秀的员工直接跟踪实施过程；

⑤ 与手头上不那么紧急的产品调节或调换生产；

⑥ 也可以选择加班完成；

⑦ 预计需要的完成时间，等实际完成后马上向上级报告。

五、计划延误时如何处理

1. 查出并公布延误

当生产班组每日的工作结束后，班组长要对一天的工作情况进行总结，以了解是否有延误情况发生。例如：生产数量没有按计划完成，比原计划延误了多少件，或者还有其他什么延误，总之，要将所有的延误记录下来。

延误较为严重（影响交货期、品质等）的必须要报告上级，求得具体指示，同时也一定要在次日的早会上通报，告知每一个员工昨天出现的延误情况，引起大家的注意，并指出改善的方法。至此，员工就会感觉到事情的严重性，工作时也会格外注意，也会有意识地加以改善。

2. 分析延误的原因

造成生产延误的原因主要有以下几种：

① 销售部门接了不可能完成的订单；

② 物料采购不及时；

③ 生产计划不到位；

④ 生产效率低下；

⑤ 突发品质事故影响；

⑥ 供应商管理不到位不能按公司计划行事。

这里主要针对班组层面阐述这个问题。班组生产层面造成延误的原因，生产现场的班组长是不难分析出来的，因为这些都发生在自己工作的周围，只要工作时稍加留意，就很容易找到发生的原因（比如：停电、工具故障修理、新员工作业等）。

如果真的找不到原因，也不能应付上级和员工，可以向上级报告，共同讨论（或开会讨论），也可告知员工"因为原因不明，大家可以在哪几个方面注意，如果大家有好的方案也可提出"。这样就很可能让一些不明原因的延误，会在员工中间得以解决。

3. 延误改善方法效果确认

许多人很多时候只注意查找原因，实施解决改善方法，但经常忽略对效果好坏的总结。其实，应总结出哪些方法效果好，哪些方法是失败的；对好的、正确的方法一定要记录到基准书、作业指导书或注意事项等相关文件中去。只有这样才能使改善的结果永久地延续下去，再出现此类问题时才不会重蹈覆辙。

4. 补救计划

改善方法及对策方案出来后，要做成补救计划。所谓补救计划，应该是在工作时间内及时完成补救生产的计划，而不是那种累计起来集中到某一休息日（星期天）进行加班生产来达到补救生产目的的计划。

第二节 / # 控制生产过程，防止交货期延误

一、如何控制好生产流水线

流水线就是通过某种形式，将很多个独立的个体有机地联系在一起，并使其彼此关联，彼此制约，统一频率，统一速度，达到高效匀速生产的作业流程。

1. 流水生产线的特点

① 作业分工程度高，工序衔接紧密。每个人只做几道工序，加起来就生产出一件产品；但前一道工序若作业出现漏洞或者效果欠佳的话，都会影响后工序的顺利进行。

② 生产要素有序配置且高度集中。一条生产线如何布局、每个人要完成哪几道工序、用多少材料、什么时候送到等问题，都必须事先周密布置安排，不能缺漏其中任何一环，否则生产就无法进行。

③ 生产要素呈节拍性流动。每一道工序的加工时间是多少、隔多长时间投入材料、每一个动作需要多少时间、手工作业、机器作业、材料搬运等，都要遵循该节拍，保持稳定的速度进行。各生产要素的动作时间要么相等，要么呈整倍数关系。

④ 不良成批发生，品质确保难度大。由于生产的不间断性，不良品很少在第一次发生时就被发现并得到有效处理，往往要累积到一定数量才引起重视。

⑤ 生产能力大，交货期容易确定。由于生产要素高度集中，而且是按一定节拍动作的，所以每一件产品的产出时间，每一个生产计划的完成时间，都能够准确地计算出来。

2. 流水线的管理

① IN（投入）、OUT（产出）。生产现场管理中的重点就是 IN、OUT 的管理。IN、OUT 直译的意思如下：

IN——进，生产中称之为"投入"；

OUT——出，生产中称之为"产出"。

根据标准时间（生产 1 个产品需要多长时间），那么 1 小时能够生产多少个，就可以计算出来。8 小时一天的工作时间内能够（应该）生产多少的计划数，也就是可投入数，便十分清楚了。从将应该（能够）投入的部品按单位时间投放生产线起，现场管理工作就开始了，如何才能将投入的部品，在单位时间内全部转换成良品送出生产线，这就要取决于每一位管理者、每一位员工的管理水平、管理手段及作业方法，以及必须要在单位时间内完成指定工作的决心和信心，还需要大家齐心协力的团队精神，而跟点作业则是 IN、OUT 管理的开始。

② 跟点作业。这是流水线管理的重点。在能力所及、速度可达的范围内，在指定的时间里，完成一个组装动作，将完成品放入流水线上划定的间隔点（线）上。要使作业能够很好地跟上点，就必须要求每一个员工全身心投入到工作中去，不可开小差，不能心不在焉，更不能一心二用做与工作无关的事情。

3. 现场中流水线常见问题

① 跟不准。流水线上第一道投入工序准确跟点，第二道工序开始就跟不准了，要么在点的前面，要么在后面，越往后的工序，往往越跟不准，流水线工时就无法平衡。

② 没有点。流水线根本就不设节拍，当天生产快要结束前，后工序拼命清机，一台都不留下过夜。第二天生产启动时，后工序就处于待机状态，无事可做，造成"紧尾松头"的状况，而现场管理人员只是一个劲地催促作业人员："快点，再快点！"

③ 不跟点。从第一道工序开始，就不跟点，做完就走。有时跳空几点，一件产品都没有，有时加塞几点，两个点里有三四件产品一起移动。动作敏捷的人，多出很多时间；动作缓慢的人整天堆积，忙不完，造成不均衡的现象。

④ 全承载。不只是产品，就连托盒、空箱，甚至连私人物品、小食品等什么

都用流水线来传递。

以上这些问题不但没有发挥流水线的优点，相反还会直接导致作业品质的下降。

4. 流水线作业管理要领

① 线点颜色要鲜艳。流水线线点颜色要鲜艳，与输送带底色完全区别开来，且粘贴牢固。当有两套以上线点（混流）时，识别颜色必须不同。

② 输送带行进速度要稳定。输送带行进速度（节拍）必须经常验证，以保持稳定。

③ 特别留意连接过渡处、转弯处。前后两条输送带的连接过渡处、转弯处，要注意是否确保顺利流动。

④ 摆放人性化。前工序跟点投入时，作业对象的摆放方向要尽量为后工序的取拿方便着想。

⑤ 输送带上不得搭建各种托架。如果不得已需要将一些小型设备摆放在流水线上，应该用统一式样的台架支撑起来，使现场给人舒适干净的感觉，保证作业井然有序进行。

⑥ 流水线的开动、停止。流水线正常班次的开动、停止，由靠近电源控制开关的作业人员代为实施即可。因生产要素不良而导致停止时，要由相应的管理人员下达命令，作业人员不得擅自停止。如遇生命财产将要遭受重大损失时，作业人员可以紧急开动或停止流水线。

⑦ 流水线平衡效率。在正常情况下，不熟练的顶位对工时平衡破坏最大，常常出现堆积、跳空，因此一定要妥善安排。

⑧ 堆积识别。由于设备、材料、作业方法而引发的不良，造成中途工序出现大量堆积时，首先要把堆积的作业对象离线存放好，并做好识别管理。

⑨ 输送带要随时保持整洁。可在前后两头，设置半湿润清洁拖布或黏物辊筒，清除输送带上的脏物。

⑩ 取放方法要明确并加以培训。通常是"左进右出"或"右进左出"，这样取放双手便可同步进行。若左侧对流水线，则左手取放作业对象兼投料，右手操作设备、仪器较好。若右侧对着流水线，则右手取放作业对象兼操作设备、仪器，左手投料。对取放的方法和时机，在作业人员上岗培训时应加以说明，并使其严格遵守。

⑪ 线点数量控制。线点并非越多越好，点数设定越多，在线库存越多，但前后两个工序之间的点数要不少于两点。

生产结束时，必须将流水线上的产品遮盖防尘，或收回工序内暂时存放，次日才重新摆放到流水线上。

对人手台面传递的流水线作业，要控制好第一个工序的投入数量，整条生产线的产出才有保障。

二、生产瓶颈如何预防与解决

生产中的瓶颈是指那些限制工作流整体水平（包括工作流完成时间和工作流的质量等）的单个因素或少数几个因素。

在一条生产流水线上，各个生产环节和其进度、效率，以及生产能力常常存在着很大差异，这必定会导致在整体生产运作上出现不平衡的现象。正如"木桶短板原则"中，最短的一条木板决定水位高度一样，"生产瓶颈"最大限度地限制了生产能力、生产进度和生产效率，从而影响生产任务的完成，使其不能按时交货。

1. 生产瓶颈的表现形式

① 工序方面的表现。A 工序日夜加班赶货，而 B 工序放假休工。

② 半成品方面的表现。A 工序半成品大量积压，而 B 工序等货。

③ 均衡生产方面的表现。各个生产环节不配套。

④ 生产线上的表现。A 工序大量滞留，而 B 工序波动正常。

2. 引发瓶颈的因素

① 材料供应。个别工序或生产环节所需要的材料，若供应不及时，就可能会导致生产停顿，而在该处形成瓶颈。

② 品质。若个别工序在生产上出现品质问题，会导致生产速度降低、返工、补件等情况出现，而使得生产进度放慢。

③ 工艺。工艺设计或作业图纸跟不上，因而影响生产作业的正常进度。

④ 人员因素。个别工序的人员尤其是熟练工数量不足。

⑤ 设备。设备配置不足，或设备的正常检修与非正常修理，同样会影响该工序的正常生产。

⑥ 突发性因素。因偶然事件或异动而造成的瓶颈问题，比如，人员调动、安全事故、材料延期、因品质不良而导致停产整顿等。

⑦ 由时间决定的因素。有些工序是必须要等待若干时间才能完成的，且不可人为缩短，这类工序也将会出现瓶颈。

3. 常见的生产瓶颈及解决方法

（1）生产进度瓶颈

① 什么是生产进度瓶颈。所谓生产进度瓶颈，是指在整个生产过程之中，或

各生产工序中，进度最慢的时刻或工序。进度瓶颈又分以下两种。

a. 先后工序瓶颈。如 A、B、C、D 四个工序为先后顺序，D 工序滞后，就会存在先后顺序的工序瓶颈，将会严重制约后工序的生产进度。

b. 平行工序瓶颈。如果瓶颈工序与其他工序在产品生产过程中的地位是平行的，那么，瓶颈问题将会使产品配套受到影响。

② 解决方法。解决生产进度瓶颈问题的具体步骤和方法有：

a. 寻找进度瓶颈所处的位置点；

b. 分析研究该瓶颈对整体进度的影响和作用；

c. 确定该瓶颈对进度的影响程度；

d. 找出产生瓶颈的因素并进行具体分析；

e. 确定解决的时间，明确责任人，研究解决的具体办法；

f. 实施解决办法，并在生产过程中进行跟踪；

g. 改进后对整体生产线再进行评估。

（2）材料供应瓶颈

① 什么是材料供应瓶颈。材料供应不及时，会造成瓶颈或影响产品某一零部件的生产，甚至影响产品最后的安装与配套工作。

② 解决方法。由于材料的供应工作存在着一定的周期性和时间性，因此必须及早发现、预防并解决。具体步骤为：

a. 寻找造成瓶颈问题的材料；

b. 分析研究其影响及程序；

c. 对材料进行归类分析；

d. 材料类型分析；

e. 与供应商就该材料进行沟通协调，并努力寻找新的供应商，从而建立可靠的供应网络；

f. 进行替代品研究，或要求客户提供相关材料。

（3）技术人员瓶颈

① 产生原因。技术人员的短缺会影响生产进度，尤其是特殊人才或者是技术人员、重要的设备操作员，一时缺失又不是立即可以得到补充的，因此这一瓶颈也常常成为困扰生产进度的重要问题。

② 解决方法。在生产空间允许的情况下，尤其是实行计件工资的企业，应注意人员的充分配置，加强人员定编管理，确保各工序的生产能力，防止瓶颈的出现。具体方法为：

a. 找到人员或技术力量欠缺的工序或部门；

b. 分析这种情况所造成的影响；

c. 进行人员定编研究；

d. 确定人员的定编数量、结构组成；

e. 对技术人员进行培训；

f. 积极招聘人员及时补充人员缺失；

g. 平日应积极进行人员储备。

（4）工艺技术与产品品质问题瓶颈

① 产生原因。在产品的生产过程中，尤其是新产品的生产，总会遇到各种工艺技术问题或难以解决的品质问题，这就出现了工艺技术瓶颈与品质瓶颈。

② 解决方法

a. 找到工艺技术瓶颈的关键部位；

b. 研究讨论寻找解决方案；

c. 进行方案实验或批量试制；

d. 对于成功的工艺技术方案，建立工艺规范；

e. 制定品质检验标准和操作指导说明书；

f. 进行后期监督。

三、缩短交货期有何方法

运用一定的方法缩短交货周期，柔性响应客户需求，使供应链具有柔性，是完全可以实现的。下面简要介绍两种思想和技术来缩短交货周期，一是信息技术和 APS 的方法；二是 IE 工业工程和精益生产的方法。

1. 交货周期的构成

从客户给工厂下单，到工厂交货，一定有个提前量，这就是交货周期，也称提前期。它包括采购提前期、生产提前期、发货提前期。

主要是实现生产周期时间的缩短，是让生产周期时间等于产品加工时间，使生产的周期时间比客户要求的交货期还要短，这样就能够进行平准化（均衡化）生产，生产就能够迅速应对量的变化和品种的变化，也就形成了 JIT 的生产只在必要的时候（时机）、只以必要的数量、只生产"现在"必要的产品。

生产周期时间 = 搬运时间 + 产品加工时间 + 检查时间 + 滞留时间

2. 信息技术和 APS 的方法

通过 APS 高级计划排程，满足资源约束，使生产过程中各种生产资源均衡化；在不同的生产瓶颈阶段给出最优的生产排程计划；实现快速排程，并对需求变化做出快速反应。

① 通过有限能力自动设定生产排程到秒和分钟的动态提前期，改变无限能力

的固定提前期为天的生产排程。可以有效缩短生产交货期。

②通过分割制造订单，缩短制造提前期。

③通过分割工作使其分布到别的资源上，可以缩短制造提前期。

④通过工序的接续方法，缩小批量，使各工序的工作重叠分派，由此，缩短了制造提前期。

⑤通过设定前准备和后准备时间的连接点，来缩短制造提前期。

⑥通过有效的作业人员的排程，来提高生产力，来缩短制造提前期。

⑦通过对瓶颈中心的优化排程，前工序向后推分配，将后工序前推分配。提高生产力，来缩短制造提前期。

⑧通过先进的数学约束优化算法，来优化生产过程，缩短了制造提前期。

3. IE 和精益生产的方法

通过交货过程的价值流分析，消除其中的非增值的活动（一般占 80% 以上）即浪费。利用利特尔法则（提前期＝存货数量×生产节拍）为精益生产的改善方向提供了明确的指向。

①通过搬运距离短，压缩转移批量。

②通过改变为单元流水生产布局，创建各个工序的能力均衡和连续生产。

③通过看板让物料节拍流动起来，使原料、在制品、成品减少，并保持生产顺序一致。

④通过把内准备变为外准备，消除浪费，缩短制造提前期。

⑤通过快速换模 SMED，减少准备时间，并能混合生产。

四、交货期延误怎么处理

如果出现交货期延误的情况，会对企业的生产效率、企业的信誉等多方面带来不良的影响。因此，要制定出对策，减少交货期延误带来的损失。

1. 交货期延误原因

①紧急订单多。紧急订单多、交货期过短，从而导致生产准备不足，计划不周，投产仓促，引起生产过程管理混乱。

②产品技术性变更频繁。产品设计、工艺变更频繁，生产图纸不全或未确定，以致生产作业无所适从，导致生产延误。

③物料计划不良。用料计划不良，供料不及时，导致生产现场停工待料，在制品移转不顺畅，导致生产延误。

④生产过程品质控制不好。不良品多、成品率低，从而影响交货数量。

⑤ 设备维护保养欠缺。生产设备故障多，工模夹具管理欠缺，导致生产延误。

⑥ 生产排程不佳。生产排程不合理或产品漏排，导致生产效率低或该生产的产品没生产。

⑦ 生产能力、负荷失调。产能不足，且外协计划调度不当或外协厂商选择不当、作业分配失误等都会导致交货期延误。

⑧ 其他。没有生产管理人员或生产管理人员能力有限，生产、物料控制不良，部门沟通不良，内部管理制度不规范、不健全等，都会导致交货期延误。

2. 生产现场的改善对策

以上原因的分析是相对整个公司而言，以下就生产现场的细节进行解析，并提出相应的改善措施，做好生产进度跟踪（表6-9）。

（1）源自生产现场的原因

① 工序、负荷计划不完备。

② 工序作业者和现场管理者之间，产生对立或协调沟通不好。

③ 工序间负荷与能力不平衡，中间半成品积压。

④ 报告制度、日报系统不完善，因而无法掌握作业现场的实况。

⑤ 现场人员管理不到位，纪律性差，缺勤人数多等。

⑥ 生产工艺不成熟，品质管理不完善，不良品多，致使进度落后。

⑦ 生产设备、工具管理不良，致使效率降低。

⑧ 作业的组织、配置不当。

⑨ 现场管理者的管理能力不足。

（2）改善对策

① 合理进行工厂配置及提高现场主管的管理能力。

② 确定外协、外包政策。

③ 谋求缩短生产周期的方法。

④ 加强岗位、工序作业的标准化管理，制定作业指导书等，确保作业品质。

⑤ 加强教育训练（新员工教育、作业者多能化、岗位技能提升训练），加强人与人之间的沟通（人际关系改进），使作业者的工作意愿提高。

⑥ 加强生产现场信息的搜集和运用。

3. 对已延误交货期的补救方法

交货期延误报告书见表6-10，对于交货期延误还要注意以下事项：

① 在知道要误期时先和不急需的产品对换生产日期；

② 延长作业时间（加班、休息日上班、两班制、三班制）等；

③ 分批生产，被分出来的部分就能挽回延误的时间，使顾客有一定数量的货品生产；

④ 多条流水线同时生产；

⑤ 请求销售、后勤等其他部门的支援，这样等于增加了作业时间；

⑥ 委托其他工厂生产一部分。

表 6-9　生产进度跟踪表

产品名称：　　　　　　　　　　　　　　　　　　　　　　　订单号码：

项目 日期	生产进度				是否落后	备注
	计划数	实际生产数	累计生产数	完成率		

表 6-10　交货期延误报告书

日期：　　　　　　　　　　　　　　　　　　　　　　　　　编号：

订单号	品名	延误数量	原因	补救措施	预定完工期	责任单位

部门主管：　　　　　　　　　单位主管：　　　　　　　　　报告人：

五、如何进行生产进度控制

1. 生产进度管理的方法

① 现场观察的方法。即在现场观看作业状况，核对进度的方法，适合个别订

货型（多种小量）的生产。

② 一日作业进度表的方法。整批次的生产期间在一日以上，且产品具有统一性和反复性，便可利用一日作业进度表，每小时的实绩数与计划数对照，以便能及时采取对策，适用于多品种整批量计划生产型的企业或整批订货生产型的企业。

③ 数字记录。数字记录的方法，很容易看出预定与实绩之间的差异，便于掌握进度状况，适合于所有生产形态的企业，是最常用的方法。

2. 生产进度跟踪手段

生产进度管理最常用的手段和方法是，制造部门定期编制生产报表，生产计划部对报表进行仔细分析，编制进度跟踪表，从而得知生产进度情况。

作为制造部门，可以设置"进度管理箱"，让制造管理人员和作业人员都能直接明了地看到生产进度情况。

① 生产报表及进度跟踪表。生产报表主要有生产日报表（表6-11）、月报表、生产进度跟踪表（表6-12）等。

表 6-11　生产日报表

年　　月　　日

制造编码	产品名称	预定数量	本日产量		累计产量		耗费工时		半成品	
			预计	实际	预计	实际	本日	累计	本日	上日
合计										

人事记录	应到人数		停工记录		异常状况报告	
	请假人数					
	调出人数					
	调入人数					
	新进人数		加班人数		新近离职人员	
	离职人数		新加工时			
	实到人数		应有工时			

表 6-12　生产进度跟踪表

作业单位：　　　　　　　　　日期：　　年　　月　　日　　　　　制表：

产品	计划数	日期\项目	日/月	日/月	日/月	日/月	日/月	日/月
1	计划							
1	实绩							
2	计划							
2	实绩							
3	计划							
3	实绩							

②生产进度管理箱（图 6-1）。这是一个有 30 个小格的敞口箱子，每一个小格代表一个日期。

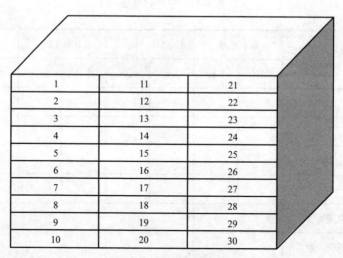

1	11	21
2	12	22
3	13	23
4	14	24
5	15	25
6	16	26
7	17	27
8	18	28
9	19	29
10	20	30

图 6-1　生产进度管理箱

每行的左边三格放生产指令单，右边三格放领料单（比如，某月 1 日的指令单放在左边 1 所指的格子里，则领料单放在右边 1 所指的格子里）。这样放置之后，如果有过期没有处理的，就说明进度落后了，要及时提出解决办法。

3. 生产进度改善措施

通过生产进度跟踪表、生产进度管理箱，知道进度是否落后。如果进度落后，要对落后原因及时进行分析。对于落后原因，可以从待料、订单更改效率低、人力不足、设备故障等方面去分析（表6-13）。

具体改善措施如下。

（1）事前防范

合理安排工作日程。在安排工作日程时，要充分考虑以下因素。

① 交货期。交货期靠前的，优先安排。

② 客户。重要客户优先安排，重点管理。

③ 瓶颈。通过协调，消除流程瓶颈问题，防止生产线阻滞。

④ 工序。考虑工序多少，在时间上合理分配。

（2）事中改进措施

针对生产进度落后分析原因，制定相应的解决办法。例如：

① 协调进料，确保不待料；

② 做好订单管理，减少突发性更改；

③ 提高生产效率；

④ 延长工作时间或增加人力；

⑤ 协调出货计划；

⑥ 加强设备保养或添加瓶颈环节的设备；

⑦ 通过协调，减少紧急订单的追加。

生产计划部在确定措施后，应当制定进度改善计划，并下达实施。

表6-13 公司生产进度落后原因分析表

时间	生产批次	落后批次	落后原因							
			待料	改单	效率低	人力不足	设备故障	放假	安排不当	其他

第三节 / 提高生产效率，防止"窝工"

一、如何制订标准时间

高效率生产的时间研究最重要的一点就是在于制订标准时间，使生产更加科学、合理，效率更高。

1. 什么是标准时间

标准时间（Standard Time）指的是适用于从事某项特定作业的熟练操作者，在特定的工作环境条件下，以规定的作业方法和设备，在持续工作而又不感到疲劳，并给予弹性时间的情况下，完成规定的工作数量和质量所需要的时间。该定义包括以下条件。

（1）标准的作业条件

① 在规定的环境条件下；

② 使用规定的设备、工具、夹具。

（2）标准的作业方法

① 按照规定的操作方法；

② 标准的作业能力；

③ 适合此项工作要求；

④ 一般熟练程度的员工。

（3）标准作业速度

① 以正常的身体、精神状态，努力进行工作，不勉强；

② 包含一定的放宽量。

2. 应用领域

标准时间的应用领域极为广泛，就企业经营管理范围而言，它主要体现在以下几个方面。

（1）工作计划

① 编制生产作业计划；

② 估算成本；

③ 确定销售价格；

④ 工序设计（工程设定）；

⑤ 计算设备需要量；

⑥ 计算所需职工人数；

⑦ 确定一天的工作量。

（2）日常管理

① 对生产和工作状况的监督指导；

② 预算控制；

③ 成本管理；

④ 研究和改进工作方法；

⑤ 提高设备利用率；

⑥ 对员工进行操作训练。

（3）进行评价

① 评价作业方法（进行比较、改进或选择）；

② 评价生产设备和工艺装置的设计和选择；

③ 评价工作者的劳动效率；

④ 评价整体劳动生产效率；

⑤ 制定工作标准。

3. 标准时间的作用

① 作业方法的比较选择。对于不同的作业方法，可通过时间研究，选择最理想的作业方法。

② 工厂布置的依据。对产品、过程进行分析，每个作业制定了标准时间，即可测算每个作业（部门）的负荷，依据负荷测算所需的作业空间，使工厂布置更为流畅。

③ 可预估工厂负荷产量。有一定的工厂空间，有了标准时间，即可测算工厂产能。

④ 生产计划的基础。利用标准时间，生产管理部门可以更精确地编制生产计划，如果在进度控制上有了问题，也可依标准时间来做人力调整。

⑤ 可作为人员增减的依据。例如：制造什么产品？计划产量多少？工作日多少？每日计划工作时间多少？有了上面的咨询，再加上有了标准时间，就可以计算出所需的人力，从而有准备地进行增补或调整。

⑥ 可作为新添机器设备的依据。依据机器产能（换算标准时间），可得知生产量起伏时所需要之机器数量。

⑦ 保证流水线生产的平衡。一条流水线有很多工序，可依各工序的标准时间

来对人力进行有效配置，使生产线平衡、流畅。

⑧ 可决定人工成本。对制造成本及外加工之费用，可以以标准时间为基础来进行估算。

⑨ 效率分析的基础。在多少时间内，完成多少产品，有了标准时间，就可计算效率。

⑩ 绩效考评的基础。有标准时间，才可以得到正确合理之效率，通过计算每日的工作绩效，并反映在奖金上，易于激发和提高工作人员的积极性。

⑪ 减少管理难度。可通过标准时间量化工作，并以此为基准来进行评价考核，提高管理透明度的同时，还有效地降低了管理难度。

4. 建立标准时间的方法

生产方法可运用流程分析、工作研究等技法，并运用管理循环 PDCA 直接获得改善，不断地寻求最大效率，最低成本。当然标准时间也就不断地跟着改变。但是目前绝大多数的工厂管理缺乏标准化、制度化，因此建立标准时间应从基础做起，再逐步改善修订。

① 现状标准时间。以现有的状况、条件，先建立标准时间。

② 期望标准时间。这里讲的期望标准时间是指机器设备良好状态、工作环境良好状态、按"标准"的作业方法、具有一定熟练度的作业人员、使用稳定品质的材料和零部件所需要的作业时间。

标准时间可以依照现状先予以建立，然后每年应不断地改善并作修订，成为一个新的标准。

二、推广应用高效率生产方式

高效率生产方式是改善所有部门工作（作业）中的浪费、勉强、不均衡，彻底持续地追求最佳高效率的工作方法和教育方法的活动，包含建立最短时间的工作（作业）标准或体系的活动。简单来讲，就是尽量缩短从接收订单到交到顾客手中之间所用时间。

1. 什么是高效率生产方式

所谓高效率生产方式，是指成本最低、品质最好、速度最快的一种追求综合效率最高的生产方式。

企业的目的是以最小的投入，得到最大的产出，从而获得最大的效益。企业的投入包括资金、人力、材料、机器及厂房，并随着大批量消费、大批量生产、规模的转变而逐渐加大。这些投入能不能成为最有效的组合，能不能达到效率高、品质稳定、交货准、浪费少、成本低的目的呢？

我们经常用以下几个指标来衡量企业的投入：

① 打造更多的产量；

② 制造更受欢迎的品质；

③ 更低廉的成本；

④ 更短的周期；

⑤ 安全的工作环境；

⑥ 高昂的士气。

为了达到这些目标，必须努力改进加工技术与提升管理技术，实现企业的投入产出比最小化，即在相对较少的投入下，以最快速度生产最好的产品。

2. 高效率生产方式的特点

高效率生产方式之所以受到人们的普遍欢迎，就是因为它具有一些无可比拟的特点，这主要表现为以下几点。

① 高效率生产方式是简单化的 IE 技术；

② 高效率生产方式是制定工作标准的科学方法；

③ 高效率生产方式是企业管理的基本技术；

④ 高效率生产方式是一种解决问题的通用方法；

⑤ 高效率生产方式是一种双赢的工作方法。

3. 高效率生产方式方法

① 排除"浪费、勉强、不均衡"的作业方法或流程。对于制造企业来说，产品质量好坏最终由生产现场决定。因此，应该对生产现场体现的浪费、勉强、不均衡的作业方法进行彻底改善，站在现场的角度，重新审视自己或部门的工作流程及方法。

② 要理论结合实际，重点在于实践。这并不是新颖的事物，仅仅阅读教科书是不能了解其重点、深度、广度的，只有通过实践活动才能体会到高效率的本质。

③ 建立全员参与体系，创造人人参与的氛围。建立"一个人担当一个工位，做到全员自己发现浪费、勉强、不均衡作业，自己进行改善"的生产体系，全员参与改善。

④ 重视员工的意见。不管是对管理者还是作业者，我们都必须重视他们的心理感受，告诉他们这种高效率生产方式并不是压迫性地提高速度，其精髓是杜绝不必要的动作浪费，是使作业者能够舒适而又快速作业或工作的方式方法。只有排除和改善浪费、勉强、不均衡的作业动作，再削减工程，才能达到最佳效果。

三、如何防止"窝工"

管理工作的七种浪费是：①等待；②协调不好；③闲置；④无序；⑤失职；⑥低效；⑦管理成本高。总体来讲，就是"窝工"。"窝工"现象是企业生产效率不高的一个表现形式，既不利于生产，也造成资源的浪费。防止"窝工"的方法是进行标准作业组合。

1. 标准作业组合

标准作业组合，是指在循环时间内，确定作业分配和作业顺序的手段。用图表的形式，把人和机械工作的时间经过表示出来，便于目视管理。

2. 循环时间

这里说的循环时间，指的是生产一个产品或一个零件所必需的时间域。

这个循环时间由一天必要的生产数量和一天的实际劳动时间决定，即换算成下面的公式：

一天必要的生产数量＝一个月必要的生产数量／一个月的实际劳动天数

循环时间＝一天的实际劳动时间／一天必要的生产数量

3. 标准作业组合的内容

标准作业组合，把作业顺序、作业名称、时间、作业时间、循环时间表示在一个表中。

①作业顺序。用数字表示作业的顺序。

②作业名称。写上机械的编号和手工作业内容。

③时间。在"按零部件分类的能力表"上记录手工作业时间、自动运送时间。

④作业时间。分别用线段表示如下：

手工作业时间：实线；

自动运送时间：虚线；

步行时间：波浪线。

⑤循环时间。用一天的实际劳动时间除以一天必要的生产数量的公式求得。

4. 编制标准作业组合

编制标准作业组合的手续如下。

①算出循环时间，在作业时间轴上，用红线表明循环时间。

②事先确定一名作业人员能够操作的工序的大致范围。

③全部作业时间，按照"按零部件分类的能力表"上记录的，正确地累积计

算，用和第一步用红线画的循环时间几乎一样的长度表示出来。

④ 确定最开始的作业，把手工作业时间和由机械设备进行的自动运送的加工时间全写上去。

⑤ 确定第二步作业。必须注意以下事项：

a. 工序的顺序不一定和作业顺序相同；

b. 必须考虑机械设备和机械设备之间的步行时间，如果有步行时间，用波浪线画进去；

c. 必须考虑质量检验时间；

d. 必须考虑安全预防措施；

e. 由设备进行自动运送的虚线，到达下一步手工作业阶段的实线，不一定就是合适的，所以有必要将它换到其他顺序上。

⑥ 重复第④和第⑤步骤，确定所有的作业顺序。

⑦ 所有作业必须要在下一轮作业循环的最初作业处终结。如果最后的返回点同循环时间的红线吻合，可以说这个作业顺序是合适的组合。如果最后的返回点在循环时间红线前面结束，就可以考虑是否追加更多的作业。如果最后的返回点超出了这条红线的范围，则必须考虑缩短超出的这一部分作业的方法。

⑧ 现场组长、班长要实际测验一下完成的作业顺序，如果能够在循环时间内完成作业，下道程序就是交给作业人员了。

四、如何改善生产效率

要实现高效率生产，提高工作效率，首先就应该对效率进行计算，再不断地对其加以改善，使之更加合理化。在工厂内，一般要计算设定生产效率和实际作业效率两种效率。设定生产效率体现了管理人员设定水平的高低，实际生产效率体现了作业者真正的作业能力。

1. 设定效率的计算

设定效率＝标准工时（ST）/ 生产节拍 ×100%

2. 实际作业效率的计算

实际作业效率通常需要将一个岗位连续测定 5 次，并将 5 次的平均值代替 ST 进行计算。即：

实际作业效率＝实际作业时间 / 生产节拍 ×100%

3. 效率改善的方向

效率改善流程如图 6-2 所示。

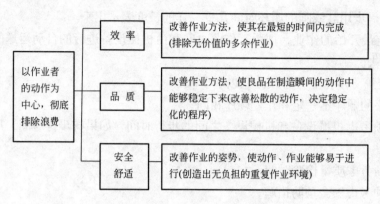

图 6-2　效率改善流程图

上述改善绝不是指过分提高速度或增加作业者的劳动强度来提高效率，而是通过制造一个能稳定轻松作业的程序、环境，从而实现品质的稳定化和生产的高效化。

4. 改善的步骤（表6-14）

表 6-14　改善步骤

阶段 \ 手法	改善的步骤	思考方法	QC 手法
1	发现改善必要点	明确目标	选定理由
2	分析现在的方法	抓住事实	现状把握
3	得到构思	考虑事实	要因分析
4	拟定改善方案	立案	检查、立案
5	实施改善方案	实施	实施
6	实施后的确认	确认	确认

5. 效率改善的方法

效率改善中最常用技术，就是 5W1H、ERCS（取消、重排、合并、简化）技巧以及检查表。习惯称之为"5问4技巧加一表"。

6. 设问技术

它是从目的、地点、时间、人员、方法五个方面提出问题，所以又称"5问技术"。每个方面还可以继续细分为几个问题，尽可能考虑到各个方面。提问的方法如下。

（1）目的：做什么

① 为什么做？

② 其他还可以做什么？

③ 应当做些什么？——使工作的目的进一步明确。

（2）地点：在什么地方做

① 为什么在那里做？

② 还可以在什么地方做？

③ 应当在什么地方做？——选择合适的工作场所（部门）。

（3）时间：什么时间做

① 为什么在这时做？

② 还可能在什么时间做？

③ 应当在什么时间做？——选定最恰当的时机。

（4）人员：谁来做

① 为什么由他来做？

② 其他什么人还可以做？

③ 应当由谁来做？——确定最理想的作业者。

（5）方法：如何去做

① 为什么这样做？

② 还有其他什么方法？

③ 应当如何做？——确定最好的工作方法。

按照这样顺序提问和思考有助于防止遗漏。不要轻视这种方法，提出了问题便等于找到了答案的一半。上述 5 个方面的提问一旦有了答案，对问题的解决也就比较接近了。

7. 工作改进 4 种技巧

在运用上面的提问技术对概要程序图进行分析的同时，还可以从"取消""合并""重排""简化"四个方面考虑改进措施。这种方法可简称为"工作改进 4 种技巧"。

（1）取消

对任何工作都要首先确认其必要性，不必要的予以取消，包括：

① 取消所有可以取消的工作、步骤或动作；

② 尽量避免工作中的不规则性，如确定工作、工具的固定存放地点，形成习惯性动作；

③ 尽量降低手的使用频度，如抓、握、推、搬运设备；

④ 取消笨拙或不自然、不流畅的动作；

⑤ 尽量减少肌肉力量的过度使用；

⑥ 减少对慢性动作的迁就，杜绝一切危险动作；

⑦ 除必要的休息外，要避免一切怠工和闲置时间。

（2）合并

① 将两个或多个作业合成为一个作业或连续作业；

② 把突然改变方向的各种小动作，串成一个连续的曲线动作；

③ 合并各种工具，使其成为万能工具；

④ 合并可以同时进行的作业。

（3）重排

对工作顺序进行重新排列，包括：

① 使两只手的工作负荷保持均衡，而且同时对称进行；

② 使工作由手转向眼。

（4）简化

指简化工作内容、步骤方面或简化动作方面，包括能量的节省。

① 在能够完成工作的基础上使用最小的肌肉群，并注意有节奏地使用；

② 减小目光搜索范围与变焦次数；

③ 使工作能在正常区域内完成而不必移动身体，减小动作幅度；

④ 使手柄、拉杆、踏板、按钮等控制器适合人体结构和运动机能；

⑤ 在需要高强度肌肉力量时，借助惯性来获得能量帮助；

⑥ 降低动作的复杂程度，特别是在一个位置上的多个动作。

通过上述的 4 种技巧的灵活运用（包括与提问技术结合使用），使整个工作系统结构变得更加合理，省工、省时、省力。

8. 工作改进分析检查表（表 6-15）

表 6-15　工作改进分析检查表

次序	产品	预定生产日期		作业名称	改进理由					作业时间	目标	负责人	配合人员
		自	至		瓶颈	费力	配合	品质	人力				

这种检查表是事先设计好的，但不是一成不变的，根据开展经验和工作实际，要不断加以充实和修改，可包括以下内容。

（1）基本原则

① 尽可能减少不必要的步骤；

② 合并步骤；

③ 缩短步骤；

④ 安排最合理的顺序；

⑤ 尽可能使各步骤更经济。

（2）考虑下列因素可否省略、合并、缩短、简化

① 不必要的操作；

② 调整工作顺序；

③ 改良设备和利用新设备；

④ 改变工场布局或重新编排设备；

⑤ 改变产品设计。

（3）有无计数或检验的工作能被省略、合并、缩短和简化

① 是不是真正需要？

② 有无不必要的重复现象？

③ 这些工作让别人做是否更合适？

④ 在工艺流程中它们是否处于最佳位置？

⑤ 能否运用抽样检验和数理统计控制？

（4）使工艺过程更安全

① 调整工作顺序；

② 改良设备或使用新设备；

③ 改变工厂布局等。

"5问4技巧加一表"分析技术，在实际工作中可先采取提问技术，再用4种技巧，最后再用改进检查表，通过实践积累经验，达到灵活运用。

第七章

必须精通技术和流程

　　刻苦钻研技术业务知识，努力学习业务知识，做到活学活用，理论联系实际，做班组"技术能手"，是卓越班组长的基本要求。

　　只有兢兢业业、踏踏实实、苦干实干、无私奉献、积极进取，才能在平凡的岗位上做出优异的成绩，才能以技术服人。

　　所以，卓越班组长必须是技术能手，必须精通技术流程。

/ # 精通技术和流程

一、技能过硬，才能服人

刻苦钻研技术业务知识，充分利用业余时间自学业务理论知识，做到活学活用，理论联系实际，做班组的"技术能手"，是现代班组长的基本要求。只有兢兢业业、踏踏实实，以苦干实干、无私奉献、积极进取的精神，在平凡的岗位上做出优异的成绩，才能服人。

1. 善于学习、积极工作

作为一名班组长，要想带好队伍，就必须要有过硬的本领。要保证安全生产，业务水平必须过硬。因此，班组长要坚持不断地学习技术业务知识，努力提高技术水平。不辞辛苦，抓紧时间，对装卸技术业务刻苦钻研，不懂要虚心向老师傅学习请教，向书本要答案，要有不达目的不罢休的精神。

2. 凝心聚力、以身作则

班组长要坚持以身作则，率先垂范，将所在班组管理得有条不紊，使班组成员思想稳定，工作有序进行，起到模范带头作用，充分发挥班组长的核心作用，增强班组的凝聚力，从工作、生活上关心班组成员，干工作处处比别人高出一格。别人不能做到的，自己首先要做到；别人能够做到的，班组长要做得更标准、更规范。努力做到"四个在前"，即：文件的方针政策学在前；艰苦的工作干在前；执行规章制度走在前；关心爱护同志想在前。在实际工作中，作为班组长，要使班组成员心往一处想，劲往一处使。要与班组成员多通气、多理解、多支持，班组成员工作上分口把关。无论班组成员中谁有困难，都要把班组成员聚集在一起想办法，力求把问题解决圆满，在班组中形成一个团结、和谐的良好氛围，提高群体责任心，提高班组凝聚力。

3. 扎实工作、落实标准

在日常工作中，班组长要带领班组严格按照"标杆"式班组标准要求自身，积极落实标准化作业，杜绝安全隐患。加强班组互控，达到安全生产的目的。班组长还要卡住以下四个环节。

① 作业前，全班组成员坐在一起由班组长主持班前预想会。

② 在作业开始前，全组人员进行互检。

③ 在作业中，班组长要重点对组员作业程序落实的标准程度进行监控，卡死违章违纪现象，并且要求每个组员都严格按标准化来衡量自身的作业行为。

④ 在作业后，积极开展班后总结，总结在作业中的优点和存在的不足，并提出整改措施。

4. 提升素养、勇于争先

在繁忙的工作之余，班组长不能放松对政治理论学习。班组长要狠抓政治思想建设，充分发挥"立足岗位、尽职尽责、无私奉献、勇于争先"的火车头精神。同时紧跟形势，不断加强政治理论学习，深刻领会科学发展观的内涵，提高班组职工的政治素质，为实现班组的长期发展奠定坚实的思想基础。在加强政治理论学习的同时，班组还要根据需要，激发班组成员学习技术业务知识的主动性和自觉性，引导班组成员学文化、钻业务，提高实际工作能力。

二、积极参加技术培训

班组长既是班组的带头人，也是实现班组目标的监督者，又是工厂的上下桥梁的建设者，还是实现企业目标的响应者，所以说，作为一个班组长，首先要积极参加培训，努力学习，做一个技术上的多面手，只有这样，自己在工作上才能做得更好，只有通过学习才能提高，在自己的工作岗位上，找准目标，大胆创新，大胆改革，做出成绩。作为企业最基层的管理者——班组长，应该如何处理学习与工作的关系呢？

1. 时间上落实

只要公司有参加学习的机会一定要努力争取，不放过任何一个学习机会。参加集中技术培训后，要利用业余时间复习，巩固所学知识。

2. 内容上切实

要"长""短"配套，以"短"促"长"。"长"即要树立正确的人生观、世界观，加强基础教育的学习。主要包括理想、纪律、道德、法律、主人翁意识、班组精神等内容。

"短"是指解决日常工作、生活、学习中出现的各种带倾向性、普遍性的问题。在解决眼前问题的同时，抓住问题的实质，找出个别问题与普遍问题的联系，着手进行全面素质和能力的提升。

3. 方法上务实

方法上的务实，首先就是班组长要学会怎么学习。做任何事情都是有技巧的，学习也是一样，只有掌握了学习技巧，才能事半功倍。

作为一个班组长，首先要定出目标，掌握技术，员工才能有一个奋斗前进的方向；要更加努力提高自己的管理水平和组织能力，在技术、计划、任务安排上，善用人才、合理分工，为企业发展做出应有的贡献。

4. 学习要运用于实践

培训不光是一个学习的过程，同时也是一个提升自我，超越自我的过程，对于刚走上管理岗位的班组长来说，这无疑是旱地里的"及时雨"。

如果培训的授课形式新奇、生动、有趣，在老师讲解中不知不觉就学到了知识，找到了分析问题和解决问题的方法。在学习中，班组长要不断把老师所授知识与自身遇到的实际问题结合起来思考，改进和提高班组的管理水平，使整个班组成为一个完美的团队。

通过学习培训，通过认真听取教师的讲解，同事间的交流，就会将所学融会贯通，运用到生产工作中去，从小事抓起，从自己做起，为企业美好明天，尽自己最大努力。

三、识读生产工艺流程图

工艺流程图又称作业流程图或制造流程图，这种图示方法，用简化的工程符号将制造加工程序的先后关系表示出来。班组长在工作中要能够识别流程图。

1. 明确工艺流程图使用的符号

① ○：代表操作（或称作业）。凡物体被改变任何物理性质或化学性质，或装上另一物体，或从另一物体上拆下，均称之"操作"或"作业"。

② □：检验。为了查明品质特性与规格的异同，对于产品数量及品质进行测量、试验、比较或证明，称为"检验"。用"□"表示数量的检验，用"◇"表示品质的检验。

③ △：储存。即物品的保存或等待。

④ D：延迟。由于预定的行动未即刻发生，而产生的时间空档为非必要的，称为"延迟"。在工艺流程图里，此符号不常使用，因为其中不伴有品质特性或查核点。

⑤ →：搬运。凡有意改变物品的位置，从一处移至另一处，即为"搬运"。

2. 了解工艺流程图的含义

工艺流程图符号见表7-1，具体说明如下。

① 工序与检验站名称。就是生产过程的主要流程，从原料或零件开始到成品为止的整个过程，垂直地记录下来，其他副流程依照进入主流程的先后次序，从旁边插进。

② 工序符号。在各工序与检验站名称左边标注各种符号，如，"○""□""◇"等。

③ 原料、材料或零件。在工序符号的左边有与之相连的水平线，线上写的是原材料或零件的名称，线下写的是规格。

④ 作业人数，在工序或检验站右边填写的是标准作业人数。

⑤ 管制项目与查核点。管制项目包括每一工序的查核点及管制特性，写在工序名称的右边。在"○"符号的右边所列者均为检验站的检验项目或管制项目，在"◇"符号的右边所列者大都为查核点。

⑥ 相关的技术标准或作业标准。此栏填写的是每一作业工序依据的作业指导书编号或技术标准编号。

表 7-1　工艺流程图符号一览表

符号	名称	意义
○	操作（作业）	物体被改变任何物理性质或化学性质，或装上另一物体，或从另一物体上拆下
□	数量检验	查明品质特性与规格的异同，对于产品数量进行测量、试验、比较或证明
◇	品质检验	查明品质特性与规格的异同，对于产品品质进行测量、试验、比较或证明
△	储存	物品的保存或等待
D	延迟	预定的行动未即刻发生，而产生非必要的时间空档
→	搬运	有意改变物品的位置

3. 能够识读作业标准书

作业标准书一般应包括下列项目：

① 产品名称、工序名称；

② 产品简图或作业照片；

③ 操作说明及注意事项；

④ 使用物料名称、规格、数量；

⑤ 使用设备、工装夹具；

⑥ 检验项目、规格、标准；

⑦ 标准工时；

⑧ 标准不良率。

制作工艺流程图是生产作业的各个部门制定生产作业安排的依据，所以班组长一定要格外重视。

四、懂得生产技术工艺管理

生产技术工艺管理是一项综合性的管理，做好这项工作有利于统一企业工艺操作行动，提高工艺操作技术水平，保证企业生产的长期稳定、优质、低耗、安全、高产。班组长的工艺管理包括以下内容。

1. 操作规程管理

① 认真执行操作规程。

② 指导班组成员遵守操作规程。

③ 熟悉操作规程的编制内容，主要包括：

a. 岗位职责、范围；

b. 工艺流程简述及设备概述；

c. 工艺指标制定；

d. 开、停机步骤；

e. 巡回检查路线图；

f. 突然停水、电、气，以及出现一般性事故的处理方法。

④ 根据生产实际情况，向车间主任或生产技术部提出操作规程修订意见。

2. 厂控工艺指标管理

① 积极参与生产车间工艺指标的制定、修改。

② 生产中班员因违反工艺指标，造成减产和影响产品质量，以及生产安全时，应召集班组人员开会进行分析，将原因及防范措施书面上报，并提出对违章者的处理意见。

③ 各岗位不得随意更改厂控工艺指标。若有违反，先行劝阻，仍不改正，则通报上级。

④ 每周对厂控工艺指标进行一次全面检查，对执行中存在的问题汇总、分析，并上报上级。

⑤ 认真填写厂控工艺指标旬报表和月报表，对指标完成情况进行原因分析，按时上报。

3. 原始记录及工艺台账管理

① 值班工长应该均有操作记录。

② 岗位原始记录表必须格式统一。

③ 督促各岗位操作人员认真填写记录，做到准时、真实、数据准确清楚、字体仿宋化，不得写连笔字、草字、自造简化字和与操作无关的内容。

④ 负责收集每日的操作记录（包括一些重要的记录纸），分岗位按月装订成册，予以保存。

⑤ 协助生产技术部、计划部进行生产车间、岗位原始记录展评，评出优秀单位、岗位和落后单位、岗位。

⑥ 建立生产工艺台账，逐日统计厂控及车间控制的主要工艺指标执行情况并对存在的问题进行及时分析。

⑦ 生产工艺台账要长期保存，调离本单位时，要办理台账移交手续。

4. 工艺操作事故管理

① 参与一般性事故与重大事故的调查，协助有关单位一起查清事故原因，制定防范措施。

② 对事故单位上报的事故原因、责任者、损失价值、防范措施、处理意见，进行审核并提出意见。

③ 针对生产中的操作事故及隐患发出通报，以引起有关人员的重视。

④ 按要求将操作事故记录和月报及时报送安全部门。

⑤ 写出年度操作事故情况总结。

⑥ 事故发生后，应及时组织班后会进行事故分析。凡发生一般事故、重大事故和可能造成严重后果的未遂事故，均应按要求填写事故报告书。一般事故于两周内，重大事故和未遂事故于一周内报生产技术部门。

⑦ 不隐瞒发生的事故。

第二节 / # 积极参与技术改造

一、如何进行新产品试制

新产品试制是在产品按科学程序完成"三段设计"的基础上进行的，是正式投入批量生产的前期工作，试制一般分为样品试制和小批试制两个阶段。

1. 样品试制

样品试制是指根据设计图纸、工艺文件和少数必要的工装，由试制车间试制出一件（非标设备）或数十件（火花塞、电热塞、管壳等类产品）样品，然后按要求进行试验，以此来考验产品结构、性能和设计图的工艺性，考核图样和设计文件的质量。此阶段完全在研究所内进行。

2. 小批试制

小批试制是在样品试制的基础上进行的，它的主要目的是考核产品的工艺性，验证全部工艺文件和工艺装备，并进一步校正和审验设计图纸。此阶段以研究所为主，工艺科负责工艺文件和工装设计，生产车间负责试制工作部分。

在样品试制、小批试制结束后，应分别对考核情况进行总结，并按国际标准要求编制下列文件：

① 试制总结；

② 产品型号试验报告；

③ 试用（运行）报告。

3. 批量生产

只有在样品试制和小批试制验收合格后，经过批准，才能进行批量生产。批量是指企业在一定时期内，一次出产的在质量、结构和制造方法上完全相同产品（或零部件）的数量，分为大批量生产、中批量生产和小批量生产三种。

二、怎样确认首件产品

1. 确认首件意义

首件确认在于降低风险。现场管理中通过对制成的第一件（或第一批）产品进行检验确认，可以避免发生批量性错误，从而，防范大规模制造不良品的风险。

在通常情况下，每班或每种产品投入生产后产出的第一件产品被认为是首件，如果该产品检验合格，则说明目前有能力制造合格品。反之，则说明还需要改进。至于具体的首件产品数量是多少，那要根据生产特性确定，一般的原则是5件。

2. 首件产品用途

因为首件产品是经品质部检验合格的，所以，班组可以用来对制作程序中其他有疑问的产品进行对比，以便统一认识。

虽然首件产品是由品质部检验合格的，但是，在下工序投入包装后仍不能免除被抽查，也不能免除不合格的责任。

3. 首件送检

各班组要把每天或每个机种开始生产的前5个产品送品质部检查，从中挑出一个合格品作为首件品进行管理；如果检查中发现没有合格品或有严重不良，则说明目前的制作程序不良，需要改进，直到有合格品产生为止，否则不能批量投入生产。

4. 首件确认与管制

首件产品由品质部人员判定合格后，由现场班组长接收并确认，连同其检查表一起，放置设在现场的首件专用放置台上，直到本首件管辖的时段（最多一天）完成为止。首件品要按程序文件规定的方式去管理，主要管理事项包括：签收、贴标签、建台账、更改、承认、发出等。

三、怎么管理样板

现场需要在一些重要的检查位，如目视检查位、最终检查位等建立一些必要的样板，以帮助检查员定性、标准、准确地判定产品。具体内容如下：

① 通过有形的物品，深刻认识并感受产品状态；

② 通过借鉴、参照和对比，以有效区别良品与不良品的性质和状态；

③ 确认工位的仪器、设施是否具有识别不良品的能力。

现场的样板通常可以分为两大类，即：良品样板和不良品样板。良品样板也叫 GOOD 样板，不良品样板则叫 BAD 样板。它们的区别如下。

① GOOD 样板：各项性能和外观指标均符合产品标准的要求。GOOD 样板通常只有一个，这是因为好的东西都是一样的。

② BAD 样板：某项性能或外观指标不符合标准的要求。BAD 样板可以有许多个，这是因为不良现象总是千姿百态，各不相同。但在使用中一般只选取两三种具有代表性的不良项目即可，这些项目可以依据柏拉图（Pareto）分析方法获得。

不管是 GOOD 或 BAD 样板，均要放置在作业员的操作位置附近，并与作业指导书一样，可以方便、容易地获得。对它的日常管理按如下方式进行：

① 样板应获得工程技术部承认，并在相关标签上签字盖章；

② 使用中须妥善保管，严防损坏、变性；

③ 每日进行点检，必要时建立点检记录；

④ 定期（年度）进行认可，把认可结果写在履历卡上；

⑤ 外观样板要定期确认外观状态，及时更换受损品；

⑥ GOOD 样板要用非红色的牌子做标识；

⑦ BAD 样板要用红色的牌子做标识，并注明不良内容；

⑧ BAD 样板的不良内容可以根据需要适时更换；

⑨ BAD 样板也可以一件产品包含多项不良。

四、如何进行新产品投产

新产品在完成报批试制后，经鉴定符合设计与使用要求，即进入产品投产阶段。

1. 如何进行新产品投产管理

① 每一项新产品都必须经过样品试制和小批试制后方可成批生产，样品试制和小批试制的产品，必须经过严格的检测，具有完整的试制和检测报告。部分新产品还必须具有运行报告。

样试、批试均由总工程师主持召集有关单位进行鉴定，并确定投产后是否和下一步工作安排在同一系列中，个别工艺上变化很小的新品，经工艺部门同意，可以不进行批试，在样品试制后直接办理成批投产的手续。

② 参加试制、计划、生产、技术、工艺、全质办、检查、标准化、技术档案、生产车间等各有关部门鉴定会，对新产品问题要客观多方面听取员工意见，从技术、经济上作出评价，以便相关部门确认设计合理性，确定工艺规程、工艺装备，促进新产品的投产。

③ 批准移交生产线的新产品，必须有产品技术标准、工艺规程、产品装配图、零件图、工装图，以及其他有关的技术资料。

④ 正确填写"新产品移交生产线鉴定验收表"，客观表达意见。

2. 新产品包装规格的确定

① 开发部在确定新产品的包装规格之前，必须征求生产车间的意见，所有的包装材料要求最大限度地符合设备使用要求，避免手工操作；同时要求尽量使用通用包装材料，避免新增包装规格和包装形式。

② 要求外包装文字的设计尽量只涉及使用内容，一些需要经常变动的内容，如三体系证书号、GMP 证书号、生产许可证号等可印在内包装的瓶签上，避免因通用包装材料的频繁改动造成人力及物料的浪费。

③ 包装规格、包装设计一经确定并投入使用后，任何部门不得随意更改。如需变动，必须向相应的主管部门提出申请，由相应部门召开相关会议讨论决定（包装材质及文字的主管部门为开发部，包装设计的主管部门为销售公司）。

④ 一般情况下，包装材料改动要集中进行，避免频繁的包装材料更换。

⑤ 对已经投产的产品，生产部负责收集车间的使用信息，提出包装材料的优化改进建议，以使包装材料适合生产使用，提高劳动效率。

3. 新产品的投产前准备

① 新产品包装规格、包装材料材质及质量、图案、说明书、标签等，以及生产工艺（暂行）确定后，在产品投产前，技术开发部将新产品包装清单、新产品备料单报生产部一份，将包装规格、包装材料质量、图案、说明书、标签、原辅材料质量标准报供应部一份，将成品质量标准、原辅材料质量标准、包装材料质量标准及包装材料清单报品质部一份，将暂行工艺规程（初稿）、半成品质量标准等报相应的生产车间一份。生产车间根据工艺规程编写岗位操作法。

② 若新产品生产使用涉及强氧化剂、强还原剂、易燃易爆材料、有毒有害材料等，开发部要同时制定书面的运输、储存、使用注意事项，送生产部、储运部、供应部、生产车间等相关部门。

4. 新产品的生产确认

① 一旦开发部认为新产品生产条件成熟，销售公司即可根据市场需要填报国内新产品投产工作流程，明确填写产品名称、包装规格、提货数量、建议提货时间等，经销售公司领导审批后转交开发部。

② 开发部要在投产前核算原辅料及包装材料成本报生产部，销售公司须在投产前将新产品定价报至生产部。

③ 生产部负责核实原辅包装材料成本，进行费用预计，根据定价，在投产前核算毛利率，然后报主管副总审批，经同意后方可安排生产。

④ 新产品首次生产，批量不宜过大，开发部接到销售公司的新产品投产工作流程后，要对产量计划进行审核，如有不妥，在工作流程上提出意见。

⑤ 生产部根据开发部提供的新产品包装材料清单和备料单，按照销售公司的首次提货量，向供应部下达原辅包装材料的用量计划。

⑥ 对于新产品首次批量生产时所用的原辅料，开发部可向供应部推荐采购厂家，必要时可指定供货厂家。

⑦ 供应部要按照生产部下达的材料用量计划及开发部提供的材料质量标准进行询价，在要求时间内完成采购工作（如果有些原料价位较预期有大的涨幅，应及时通知生产部）。

⑧ 所有材料到厂后，生产部要及时安排新产品的生产，并将工作流程转交生产车间和品质部，以便提前做好生产准备。

5. 新产品生产及技术管理

① 无特殊技术方面的要求，新产品前三批生产时，开发部安排技术人员负责关键生产环节（如配制、包装等）的现场技术指导，并跟班生产，品质部随同检验。对于前两批产品，技术开发部在生产技术方面负主要责任，车间遵从开发部的技术意见；第三批生产，车间负技术方面主要责任，开发部配合。生产车间应高度重视新产品的生产，并应在前三批生产中，掌握所有的生产技术。品质部在前三次生产中，需要掌握所有涉及产品的检验方法和质量内控要求。

② 新产品生产三次后，如产品质量可控、符合标准要求，开发部即向生产车间发放正式的工艺规程，并将初稿收回。

③ 开发部可根据技术要求修订生产工艺，但是必须提前通知相关部门：工艺修订要通知生产车间；新增物料需提前向品质部下发质量标准，以便做好检验安排；如需调整备料单，应及时通知生产部，待专用原辅料使用完毕后再修订处方，避免专用原辅料的库存损失。

④ 生产车间、相关部室要对新产品技术严格保密，开发部要对关键材料制定保密措施。

五、如何推进技术合理化建议工作

改进技术与合理化建议和推行工厂现代化管理，是降低成本、提高产品质量、提高劳动生产率的重要途径，班组长要积极推进这一工作，其主要包括以下几项工作。

① 采用新技术、新工艺、新材料、新结构、新配方，提高产品质量，改善产品性能及开发新产品，节约原材料等。

② 提出对设备，工艺过程，操作技术，工、夹、量具，试验方法，计算技术，安全技术，环境保护，劳动保护，运输及储藏等方面的改进意见或建议。

③ 推广应用科技成果、引进技术、进口设备的消化吸收和革新，以突破长期未解决的技术关键和质量关键等。

④ 参与对企业现代化管理方法、手段的创新和应用，促进企业素质全面提高等方面的建议或改进。

合理化建议和技术改进工作是企业发展的内在动力，是提高企业生产经营管理的重要手段，是企业不断完善自我的要求，也是企业活力和生机的体现。班组长要紧紧带领全体组员，广泛开展合理化建议和技术改进活动，具体工作如下。

1. 广泛宣传发动，营造良好活动氛围

班组长要根据企业要求，紧紧围绕企业目标，以管理创新、技术创新为导向，以安全生产、经营管理、企业建设为重点，深入开展"率先发展，共建和谐"主题合理化建议课题宣传活动，进一步促使广大职工积极适应时代的新形势、新要求，坚持责任共担、拓展内涵、注重转化、夯实基础的合建工作思路，进一步激发广大职工的积极性、主动性、创造性，为企业发展贡献聪明才智。

2. 突出工作重点，活动开展实效明显

为推进"率先发展，共建和谐"主题合理化建议课题活动的深入开展，企业要专门召开车间工会主席会议，统一思想，明确认识，安排部署活动。

为调动各级工会和工会干部真抓实干的积极性，必须将合理化建议征集工作与季度工作考核机制相结合。

各车间工会应高度重视合理化建议征集活动，认真做好职工思想工作，为了能够把活动落到实处，破除传统的坐、等、靠思想，应主动到工区去抓、去挖、去收集，并将工作责任逐级传递，有效地保障活动的有序开展。要围绕主题合理化建议课题活动征集意见和建议，经过初选、评审，确定高价值建议，然后组织实施。

3. 夯实工作基础，保障活动扎实开展

结合班组工作实际，进一步细化《合理化建议和技术改进奖励与管理实施细则》，明确组织发动、收集梳理、文档整理、评估筛选、评审上报、成果转化及表彰奖励等一系列工作职责，规范合理化建议征集工作。

同时，提高职工参与合理化建议征集的积极性，促进所提合理化建议"价值"的提高，推动合理化建议活动的深入开展。

4. 健全激励机制，促进活动健康发展

为调动广大职工的积极性、创造性，形成合理化建议征集工作良性循环，真正为提高企业效益做贡献，要建立完善活动评比激励机制。对采纳实施的建议按照产生的经济效应给予奖励，以激发广大职工提建议的积极性，鼓励员工发挥自己的聪明才智，集思广益，多提建议，提好建议，从而推动了合理化建议活动向纵深开展。

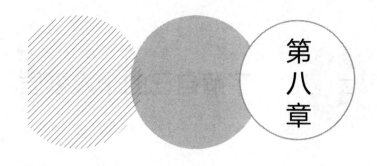

第八章

如何提升个人与团队素质

学习是通过教授或体验而获得知识、技术、态度或价值的过程，从而促使可量度的稳定的行为变化，也就是建立新的精神结构或审视过去的精神结构。

"学习是人类进步的阶梯"，作为班组长，要刻苦学习，不但要学业务、学管理，还要学些法律知识、急救常识、安全常识。

学习的目的是提升自身素质水平，但是"大家好才是真的好"。因此，班组长还要着力打造高效、卓越的团队，建立现代"五型班组"。

第一节 / **了解自己的个人素质**

一、班组长需要哪些管理能力

素质是指一个人的知识水平、道德修养，以及各种能力等方面的综合素养。班组长管理素质是指班组长与生俱来的，以及通过后天培养、塑造、锻炼而形成的素养特点。班组长需要不断提高个人管理素质，一个卓越的班组长需要具备以下能力。

1. 目标管理能力

在处理业务时，要能够设定主题、时限、数量等具体的目标，提高员工们的参与意识，具备 P（Plan——计划）-D（Do——执行）-C（Check——检查）-A（Action——调整）这一循环不断、周而复始的能力。

2. 解决问题的能力

具有发现问题和想象预测能力，一旦发现妨碍目标达成或业务开展的问题，应立即分析现状，找到原因。善于用"是什么？为什么？怎么样？"的三问思维，全方位思考问题，并提出对策，直至解决工作上的问题。

3. 组织能力

为了达成部门的目标，要懂得利用班组每一个人员的特点分担任务，发挥全体人员的能力，同心协力，使班组运作达到 1+1 ＞ 2 的效应。

4. 沟通能力

良好的沟通协调能减少摩擦、融洽气氛、提高士气，有助于构筑良好的信赖关系。为了能够进行直接地沟通意见、交流必要的信息，应该具备高度的倾听、商谈、疏通及说服对方的能力。交流能力随着工作经验和悟性的积累会逐渐提高。

5. 倾听能力

很多班组长都有这样的体会，一位因感到自己待遇不公而愤愤不平的员工找你评理，你只需认真地听他倾诉，当他倾诉完时，心情就会平静许多，甚至不需你作出什么决定来解决此事。这只是倾听的一大好处，善于倾听还有其他两大好处：一是让别人感觉你很谦虚；二是你会了解更多的事情。

每个人都希望受到重视，并且都有表达自己意见的愿望。所以，友善的倾听者自然成为最受欢迎的人，因而班组长要善于倾听。

6. 亲和力

班组长进行管理的目的是为了使下属员工能够准确、高效地完成工作。轻松的工作气氛有助于达到这种效果，幽默可以使工作气氛变得轻松，能使你的下属员工体会到工作的愉悦。

7. 激励能力

对员工进行激励，而非命令的方式安排员工工作，更能使员工体会到自己的重要性和工作的成就感。卓越班组长不仅要善于激励员工，还要善于自我激励。

作为班组长，每天有很多繁杂的事务，以及大量棘手的事情需要解决，其所面对的压力可想而知。自我激励是缓解这种压力的重要手段。自我激励的方式可以把压力转化成动力，增强工作成功的信心。要让员工充分发挥自己的才能并努力去工作，就要把员工的"要我去做"变成"我要去做"。

8. 指导力

班组长应该经过深思熟虑后，为了顺利地展开日常业务而向员工传授必要的知识及方法；指出员工在意识和行动上的不足之处；使大家更好地理解业务的定位、重要性；提高他们的工作劲头。

9. 培养力

部下的培养是班组长的重要任务之一。培养能力是熟悉每一个部下的欲求，在工作中让他们自由发挥自己的长处，使他们的工作能力能够长期地、有计划地得到提高。

10. 控制力

一个成熟的班组长应该有很强的情绪控制能力。当上级情绪很糟糕的时候，很少有下属敢汇报工作，因为担心上级的坏情绪会影响到对工作和自己的评价，这是很自然的。从这点意义上讲，作为班组长，你的情绪已经不单单是自己私人的事情了，会影响到你的下属及其他部门的员工。

11. 自我约束力

管不好自己就管不好别人。不沉湎于惰性之中，要严格自律。为此，必须非常了解自己的长处与短处，在有限的时间内有效地灵活运用，努力增进自己的知识、人格、健康。

二、班组长需要哪些专业能力

管理能力并非与生俱来，任何一个人，都有可能成为一名出色的管理者。人们是否成为优秀管理者的重要原因，在于有无出色的管理能力。而对于班组长，由于所处的角色的独特面，要成为一个称职的班组长，还必须具有业务方面的专长，即高水平的专业能力。

班组长的工作精力主要应用在一线管理与操作上，因此专业技术所占的权重很高。作为一个兵头将尾，一定要是业务尖子，行家里手，只有如此才能说话有分量、有权威。

在所管辖的团队内，对自己的管理业务（人员、机器、材料、方法）娴熟，能够指导员工，并向上级提供建议，以促成正确判断，这是开展工作必须具备的能力。班组长作为基层管理人员，具备这方面的能力特别重要。企业对卓越班组长的能力要求见表 8-1。

表 8-1　企业对卓越班组长的能力要求

分类	能力	具体要求
素质结构	事业心	工作一丝不苟，勇于承担责任
	纪律性	纪律性较强，经常加班加点
	主动性	对分内分外工作都非常积极
知识结构	文化知识	大学以上水平
	专业知识	专业知识非常优秀
能力结构	表达能力	语言表达优秀，有技巧和幽默感
	创新能力	有魄力，善于积极创新
	交往能力	善于与人交流，建立广泛的关系
	合作能力	积极合作，乐于助人
	理解能力	能迅速掌握分配的工作和新知识，理解深刻
绩效结构	产品质量	从不出错，质量高超
	工作任务	总是非常出色地完成所有的任务

三、班组长需要什么样的沟通能力

1. 什么是沟通能力

沟通能力包含表达能力、争辩能力、倾听能力和设计能力（形象设计、动作设计、环境设计）。

沟通能力看起来是外在的东西，而实际上是个人素质的重要体现，它关系一个人的知识、能力和品德。沟通过程的要素包括沟通主体、沟通客体、沟通介体、沟通环境和沟通渠道。

表面上来看，沟通能力似乎就是一种能说会道的能力，实际上它包罗了一个从穿衣打扮到言谈举止等一切行为的能力；一个具有良好沟通能力的人，他可以将自己所拥有的专业知识及专业能力进行充分的发挥，并能给对方留下"我最棒""我能行"的深刻印象。

2. 沟通的三层次

心理学家研究指出，沟通具有 3 个层次，如图 8-1 所示，沟通方式不同，其信任度就不同，沟通效果也相差很大。

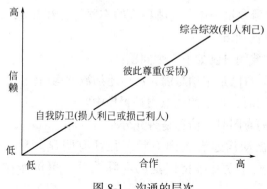

图 8-1 沟通的层次

低层次的沟通由于信任度低，遣词用句往往重在防卫自己，力求无懈可击。这不是有效的沟通，只会使双方更坚持自身立场。

中间一层是彼此尊重的交流方式，唯有相当成熟的人才办得到。但是，为了避免冲突，双方都保持礼貌，却不一定为对方设想。即使掌握了对方的意向，却不能了解背后的真正原因，也不可能完全开诚布公探讨其余的选择途径。这种沟通方式通常以妥协、折中收尾。妥协意味着1+1只等于3/2，双方互有得失。

高层次的沟通是统合综效型沟通，它可以使 1+1 可能等于 8、16，甚至 1600，彼此收获更多。

统合综效沟通的基本心态是：如果一位具有相当聪明才智的人跟我意见不同，那么对方的主张必定有我尚未体会的奥妙，值得加以了解。

作为班组长，应该知道自己的沟通层次处于什么级别，以便于提升和改进。

3. 沟通能力自我测评

（1）评价自己的沟通状况

在这一步里，问自己如下问题：

a. 对哪些情境的沟通感到愉快？

b. 对哪些情境的沟通感到有心理压力？

c. 最愿意与谁保持沟通？

d. 最不喜欢与谁沟通？

e. 是否经常与多数人保持愉快的沟通？

f. 是否常感到自己的意思没有说清楚？

g. 是否常误解别人，事后才发觉自己错了？

h. 是否与朋友保持经常性联系？

i. 是否经常懒得给人写信或打电话？

客观、认真地回答上述问题，有助于了解自己在哪些情境中、与哪些人的沟通状况较为理想，在哪些情境中、与哪些人的沟通需要着力改善。

（2）评价自己的沟通方式

在这一步中，主要问自己如下三个问题：

a. 通常情况下，自己是主动与别人沟通还是被动沟通？

b. 在与别人沟通时，自己的注意力是否集中？

c. 在表达自己的意图时，信息是否充分？

主动沟通者与被动沟通者的沟通状况往往有明显差异。研究表明，主动沟通者更容易与别人建立并维持广泛的人际关系，更可能在人际交往中获得成功。

沟通时保持高度的注意力，有助于了解对方的心理状态，并能够较好地根据反馈来调节自己的沟通过程。没有人喜欢自己的谈话对象总是左顾右盼、心不在焉。

在表达自己的意图时，一定要注意使自己被人充分理解。如果沟通时的言语、动作等信息不充分，则不能明确地表达自己的意思；如果信息过多，出现冗余，也会引起信息接受方的不舒服。最常见的例子就是，你一不小心踩了别人的脚，那么一声"对不起"就足以表达你的歉意，如果你还继续说："我实在不是有意的，别人挤了我一下，我又不知怎的就站不稳了……"这样啰嗦反倒令人反感。因此，信息充分而又无冗余是最佳的沟通方式。

4. 熟练掌握沟通工具

我们除了面对面地沟通，可能更多的情况是不见面的沟通，那么掌握基本的沟通工具就非常必要。主要的沟通工具如下。

（1）电话沟通

电话有座机和手机两种，其沟通技巧是一样的。

首先，关于接电话方面，基本原则可归纳为"礼貌、简洁、明了"。

一是要接听及时。电话铃响要立即停止自己所作之事，亲自接听电话。一般以铃响三次拿起话筒为最好时机。

二是接电话时，一定要使自己的行为合乎礼仪，要注意以下两点：

① 拿起话筒后，应自报家门，并首先向对方问好，如："您好"，"您找哪位"；

② 通话时，要聚精会神地接听电话，通话终止时，要向对方道一声"再见"。

三是主次分明。接电话时不要与人交谈、看文件或者看电视、听广播、吃东西。如在会晤客人或举行会议期间有人打来电话，可向其说明原因，表示歉意，如"对不起，我正在开一个很重要的会议，会议结束后，我与你联系"。

其次，关于代接电话时也要讲礼仪。

① 要以礼相待，如接电话时，对方所找的人不是自己，应友好地问：对不起，他不在，需要我转告什么吗？

② 要尊重隐私。代接电话时，不要询问对方与其所找之人的关系。当对方有求于己，希望转达某事给某人时，要守口如瓶，千万不要随便扩散。别人通话时，不要旁听，更不要插嘴。

③ 要记忆准确。代接电话时，对方要求转达的具体内容，要记录得正确无误，免得误事，传达及时。代人接电话，首先弄清找谁。如果答应对方代为传话，要尽快落实，不要轻易把自己转达的内容托他人转告，这样不仅容易使内容传误，而且有可能会耽误时间。

最后，关于拨打电话还应注意下列礼仪。

① 通话时间。不要在他人的休息时间之内打电话。如，每日上午 7 点之前，晚上 10 点之后以及午休的时间；也不要在用餐之时打电话。打公务电话，不要占用他人的私人时间，尤其是节、假日时间。

② 通话时长。以短为佳，宁短勿长。一般限定在 3 分钟之内，尽量不要超过这一限定。

③ 通话内容。最好是简明扼要，长话短说，直言主题，力戒讲空话，说废话，无话找话和短话长说。最后不要问对方"您猜我是谁？"这是最令人讨厌的一句废话。

④ 通话语言要文明。通话之初，要向受话方首先恭恭敬敬地问一声"您好！"然后再言其他。终止通话预备放下话筒时，必须先说一声"再见"。

⑤ 通话时态度、举止要文明。通话时，"您好""谢谢""请""麻烦""劳驾"之类的谦词该用一定要用。若拨错了电话号码，一定要向对方表示歉意，不要一言不发，挂断了事。在举止方面，应对自己有所要求，不要把话筒夹在脖子下；不要趴着，仰着，坐在桌角上；不要高架双腿在桌子上。拨号时，不要以笔代手，通话时，不要嗓门过高，终止通话放下话筒时，应轻放。

⑥ 尤其是不要在公众场合大声听话，大讲废话，讲一些隐私话题，比如公交车上、公众餐厅，要特别注意打电话时的形象和风度。

⑦ 在给非家人或非亲密的朋友打电话之前，首先应短信预约通话，以防打扰对方，更显涵养。如果拨打别人电话，对方没有及时接听，最好不要一直不间断拨打，那样是最不礼貌的。

⑧ 不要给别人乱发无聊广告，这在手机用户口调查中，认为是最差劲儿的一种营销方式。

（2）短信沟通

电话沟通直接，当有一些不便于直接沟通的事情，用短信沟通可以省去很多尴尬。但短信沟通仍有很多技巧，其中最重要的是以下几点。

① 简洁，词能达意。

② 真诚，发自内心。2014 年央视春晚歌曲有一首叫《群发的短信我不回》，虽然短信息祝福随着我们的手指轻轻一按发了出去，但有时候却没有达到理想的效果。为什么？因为群发的短信缺乏一些真情。

③ 文明礼貌。与其他沟通方式一样，短信也是代表个人形象的重要窗口，也应注意和遵循一些基本礼仪，不要给别人，特别是女孩子发一些轻佻的语言。

（3）微信沟通技巧

不知道大家有没有这样的感觉，每次手机一响，解锁屏幕，不假思索就打开微信，每天重复数次。好友越来越多，聊天也越来越频繁。不管生活还是工作，大小通知几乎都是微信，有时候群聊一多，信息自然就淹没了。微信，现在是应用最普遍的沟通方式，但很多人不知道微信的沟通技巧。掌握一些简单的沟通技巧，能够帮助很多，提升效率，对自己和他人都方便很多。

技巧一：不要问"在吗？"，直接说事。问别人"在吗"，如果别人正在忙，没有顾及消息，隔了很久才回，你怎么回？不如直接说事，对方看到之后可以直接给出答复。

技巧二：重要消息用［ ］标出。有时候和别人聊得很畅快，事情也说清楚了。但如果是不紧急的事情往往会放到一边，等要处理的时候才回去翻看记录。一条条翻看难免低效率，把重要内容加上［ ］就会醒目很多，比如时间、地点等。就算消息很多的时候，［　］里的内容也能一目了然。

技巧三：少发语音，多打字。有时候嫌打字麻烦，就会发语音。可是发语音你自己方便了，别人可能不方便。万一他在开会或者上课，听语音不方便怎么办？而且有时候语音消息很长，如果说话不清楚，往往需要听好几遍，真的不方便。

技巧四：不群发"链接、祝福、广告"。收到"链接""祝福""广告"这些消息的时候，包括各种私信问候、早安等，不免让人心烦。不建议群发微信消息，这样会给人"不用心"的感觉。

技巧五：群聊消息加上标签，方便检索。微信群上限 500 人，动辄几千条消息，尤其现在微课很多，有时候难免错过。一条条刷效率太低，在消息前面加个标签可以完美解决这个问题。

技巧六：微信传文件，邮件备份。现在手机使用越来越多，微信传文件也越来越频繁，时间长了微信占用内存越来越大。但是手机清理内存的时候，微信文件也往往会被清理，再回去让别人重发就显得有些不好了。

小技巧：查找文件可以在微信群右上角菜单里找到聊天文件，不用一条条翻看记录了。而且在传图片的时候，微信会自动降低图片分辨率。所以，建议在传文件的同时，给对方邮箱发一个备份文件。

有时候加一些符号表情也能恰到好处，比如 ^_^ 等。虽然比较简单，但真的很重要，沟通都是细节问题，注意这些可提高沟通效果。

（4）QQ 沟通

上述 3 种沟通方式都很快捷，但却不能发送大文件，QQ 却可以很好完成这个功能。

（5）Email 沟通

有人可能会说，现在 QQ 什么都可以做了，还要 Email 干什么？尺有所短，寸有所长，Email 确实沟通没有上述其他几种方式迅速直接，但其他所有的沟通方式中有一样不能干的事情——保存文件。当我们用 QQ 发送文件后，过几天就没有了，再想查找可能就不方便了，而唯有 Email 文件可以永久保存。

5. 提高沟通能力的一些方法

下面我们就来看一下，如何通过以下 3 个方法，提高我们的沟通能力。

① 开列沟通情境和沟通对象清单。这一步非常简单。闭上眼睛想一想，你都在哪些情境中与人沟通，比如学校、家庭、工作单位、聚会，以及日常的各种与人打交道的情境。再想一想，你都需要与哪些人沟通，比如朋友、父母、同学、配偶、亲戚、领导、邻居、陌生人等。开列清单的目的是使自己清楚自己的沟通范围和对象，以便全面地提高自己的沟通能力。

② 制订、执行沟通计划。通过前面的步骤，你一定能够发现自己在哪些方

面存在不足，从而确定在哪些方面重点改进。比如，沟通范围狭窄，则需要扩大沟通范围；忽略了与友人的联系，则需写信、打电话；沟通主动性不够，则需要积极主动地与人沟通等。把这些制成一个循序渐进的沟通计划，然后把自己的计划付诸行动，体现在具体的生活小事中。比如，觉得自己的沟通范围狭窄，主动性不够，你可以规定自己每周与两个素不相识的人打招呼，具体如问路、说说天气等。不必害羞，没有人会取笑你的主动，相反，对方可能还会欣赏你的勇气呢！

在制订和执行计划时，要注意小步子的原则，即不要对自己提出太高的要求，以免实现不了，反而挫伤自己的积极性。小要求实现并巩固之后，再对自己提出更高的要求。

③ 对计划进行监督。这一步至关重要。一旦监督不力，可能就会功亏一篑。最好是自己对自己进行监督，比如用日记、图表记载自己的发展状况，并评价与分析自己的感受。

当你完成了某一个计划，如跟一直不敢说话的异性打了招呼，你可以奖励自己一顿美餐，或是看场电影轻松轻松。这样有助于巩固阶段性成果。如果没有完成计划，就要采取一些惩罚措施，比如做俯卧撑或是做一些懒得做的体力活。

总之，计划的执行需要信心，要坚信自己能够成功。记住：一个人能够做的，比他已经做的和相信自己能够做的要多得多。

6. 培养沟通能力的一些方法

① 多聆听，了解对方真正的意图。沟通大师戴尔·卡耐基说：要你做事的唯一方法，就是把你想要的东西给你。想要知道对方要什么，倾听绝对是不可或缺的第一步。戴尔·卡耐基同时提到，如果你想成为一个谈话高手，必须先是一个专心听讲的人。要风趣，要对事物保持兴趣。问别人喜欢谈论的问题，鼓励他们多谈自己和自己的成就。所以，沟通第一要领是：多聆听，而不是自己一直滔滔不绝地说。

② 不要陷入辩论中，注意你的沟通风格。戴尔·卡耐基认为：在辩论的时候，十有九次的结果是：双方都更加坚定自己原来的看法是对的。你不可能从辩论中获得胜利。因为，假如你辩输了，你是输了；但假如你辩赢了，你还是输了。为什么呢？因为，想想看，假如你把对方攻得体无完肤，最后证明他的论点一无是处，结果又如何呢？你觉得很痛快，可是对方呢？你只不过让他觉得自己差劲，已经伤他的尊严了。对于你的得胜，只不过让对方感到愤慨而已。更何况如果一个人口服心不服，他的观点仍然不会改变。

如果采取对立立场，往往成效不彰。因为人皆有自我防卫心理，无法接受对方的批评。即使没有进行言语的批评，只是眼神透露出不屑，都会刺激对方敏感的心灵，而奋不顾身地去捍卫自己。

所以你要改变一个人的想法，你一定要先接纳他，才有机会改变这个人原本的思考。当你跟对方说，是的，你讲得有道理。对方的气势会慢慢缓和下来。当一个人被接纳时，他会想要有所回报，因此他会打开自己的思考模式，诚恳地问你：那你又是怎么认为呢？这时你才有机会让他接受你的想法。对方心门没有打开前，真正的沟通是不可能发生的。

心理学家研究发现，一个人跟别人说过话后，所留给人的印象，只有20%取决于谈话的内容，其余80%则取决沟通的风格。当你采取强势风格，即使有理，到最后别人还是留下不好印象。与其得理不饶人，不如采取得饶人处且饶人的风格，接纳对方，从而转化对方的思考，方是上策。

7. 提升班组长沟通能力的技巧

班组管理离不开"沟通"二字，无论是班组日常问题的解决、上下级关系的处理、员工潜能的调动等，都要求班组长有较强的沟通能力。现在，就简单地谈一谈如何提升班组长的沟通能力，这里，列举一些发生在班组长身上实实在在的案例，非常值得借鉴。

① 控制情绪，理智沟通。情绪管理是初为管理者的班组长的第一项修炼。遇到下属工作粗心、违规等问题，班组长切忌采用呵斥、怒骂、责备等不理智的方法来解决，这样只会激化矛盾，不能真正地解决问题。沟通以解决问题为目的，遇事应冷静、理智，心平气和地采用下属能够接受和理解的方式进行沟通。

案例：某日，员工史某在班长发放劳保辅料时，询问为什么有一样辅料没有发放给他，班长无意地解释仓库没有发送过来。员工表示怀疑，询问数次，导致班长与员工口角升级，矛盾上升。班长发现，此事之后员工对他敬而远之，工作热情也大打折扣。班长反省后也对自己的行为深感后悔，他意识到，在日常的班组管理中，自己要有自制能力，控制自己的情绪，遇到矛盾冲突要保持冷静，对事不对人。同时，班组长应关爱员工，事事要耐心讲解。这名班组长并没有因此事而排挤打击该组员，而是鼓励加赞赏。该员工积极性也大大提高，多次在质量方面受过表扬和嘉奖。

② 放下"官架"，平等沟通。人拒绝被管理，就如同拒绝被征服。班组长与组员之间只有职位的高低、权力的大小，没有人格上的高低之分。班组长只有放下"官架子"，尊重组员，平等沟通，才能真正走进组员心里，被组员接纳，否则组员表面上可能会听命于班组长，实际上却对班组长避而远之。

案例：某车间各个岗位之间的专业性都很强，各岗位也很分散，除了本岗位以外，想要弄懂其他岗位也很难。班组长程某勇敢面对这个头痛问题，经常和班组成员在一起沟通，一起谈生产上如何协调，一起谈工作上如何配合，一起谈集体的力量等。尤其是在车间搞成本核算考核以后，程某经常和班组里每一个成员共同研究如何才能节能降耗，如何使班组效益达到最大化。程某经常把成本核算结果拿给班组里的每一个成员看，让组员和别的班组去比较，提高他们的成本意识；找到自己班组的差距，让组员们充分认识到，节能降耗不是一个人所能完成的。时间长了，大家都很关心这件事，每个人也都会主动地进行生产调整，降低消耗，各个岗位都会主动配合，并且紧密地团结在一起，努力争第一。这就自然而然地形成了一种凝聚力。有了班组这种凝聚力，各项工作就好开展了。

③ 换位思考，坦诚沟通。俗话说"屁股决定脑袋"，所处的位置不一样，思考的方式也不一样，因此班组长与组员之间的冲突也往往不可避免。如果班组长能够站在组员的立场，设身处地为其着想，才能更好地理解组员的想法和做法，才能找到沟通的融合点。

案例：杨某是某班新晋班组长，按照年龄来说，在班里年纪最小，其他组员工龄都比杨某长，因此刚开始，杨某遭到了一些组员的排挤。一日，杨某让一名组员去车间办公室把劳保用品取来，连续跟他说了三遍，他都没有动地方，到第四遍时，杨某非常气愤，以生硬的语气质问道："你是拿还是不拿啊？"虽然后来取来了，但这名组员是非常不情愿，这名组员认为："凭什么这个事情让我干！"。通过这件事，杨某的感触很大，杨某想到，如果自己被自己资历浅的人叫去干活，心里也肯定有所不悦，以后和自己的组员沟通要注意语气和方法。在以后的工作中，杨某也尽一切力量身先事行，尽可能站在组员的角度去考虑问题，和班组成员经常沟通，遇到事情，也说给组员听，让大家一起想解决的办法。如果没什么异议就一起去实施。之后，该班组的日常工作不再让杨某每天去强调了，而是组员主动去做。

④ 主动关心，从心沟通。"沟通从心开始"，这是中国移动一句耳熟能详的广告语，对于基层管理者班组长来说同样如此。班组凝聚力建设和士气管理可以说是班组管理的重点，只有把班组成员团结起来，凝成一股绳，才能完成艰巨的任务，克服各种困难。要处理好自己与组员之间的关系，首先要尊重、信任、理解他们，关心他们个人及家庭生活，力所能及地帮助他们解决遇到的困难。

案例：某班有一位老师傅在工作中不小心把脚崴伤了，在家休了一段时间病假，班组长利用周末时间去看望了他，这位老师傅很感动。等他上班以后，他除了尽他的最大努力去工作以外，他还尽力支持这位班组长的工作。所以，学会用细微的工作去感化人，更有利于班组工作的开展。

四、班组长如何测评自己的能力

1. 班组长管理能力自我测评（表8-2）

表8-2　班组长管理能力自我测评

序号	管理行为	是	否
1	习惯于行动之前制订计划		
2	经常处于效率上的考虑而更改计划		
3	能经常收集他人的各种反映		
4	实现目标是解决问题的继续		
5	临睡前思考筹划明天要做的事情		
6	事务上的联系、指示常常是一丝不苟		
7	有经常记录自己行动的习惯		
8	能严格制约自己的行动		
9	无论何时何地，都能有目的地行动		
10	能经常思考对策，扫除实现目标中的障碍		
11	能每天检查自己当天的行动效率		
12	经常严格查对预定目标和实际成绩		
13	对工作的成果非常敏感		
14	今天预先安排的工作决不拖延到明天		
15	习惯于在掌握有关信息的基础上制订目标和计划		

2. 班组长综合素质自我测评（表8-3）

表8-3　班组长综合素质自我测评表

结构	考核指标	不合格（0～1分）	合格（2分）	中（3分）	良（4分）	优（5分）	权重	得分
素质结构	事业心	工作敷衍、责任心差	工作马虎，责任心不强	责任心一般，满足于日常工作	工作勤奋，责任心强	工作一丝不苟，勇于承担责任		
	纪律性	纪律性差，经常迟到早退	纪律性较差，有迟到早退现象	有一定的纪律性，但偶尔犯小错误	纪律性较强，没有迟到早退现象	纪律性较强，经常加班加点		

续表

结构	考核指标	不合格 (0～1分)	合格 (2分)	中 (3分)	良 (4分)	优 (5分)	权重	得分
素质结构	主动性	经常偷懒，工作懈怠	工作被动，需要外界提醒	工作较主动，不偷懒	能积极主动完成本职工作	对分内、分外工作都非常积极		
知识结构	文化知识	初中以下	高中水平	中专水平	大专水平	大学以上水平		
	专业知识	缺乏专业知识	粗浅地了解本专业的知识	一般掌握	掌握本专业知识，有一定深度	专业知识非常优秀		
能力结构	表达能力	含糊，意思很难让人明白	基本能表达自己的意思，但缺乏条理	词能达意，但不够生动	语言简练清晰	语言表达优秀，有技巧和幽默感		
	创新能力	没有创新，因循守旧	保守，很少有新办法	能开动脑筋，对工作有一定改进	工作中有一定成果	有魄力，善于积极创新		
	交往能力	交往能力弱，不善与人交往	交往能力弱，社交面较窄	交往能力一般，能与大多数人交往	交往能力强，社交面较宽	善于与人交流，建立广泛的关系		
	合作能力	性格孤僻，不愿与人合作	基本能与他人合作	愿意与他人合作	主动与他人合作	积极合作，乐于助人		
	理解能力	对分配的工作和新知识掌握慢，不得要领	理解能力差，在旁人的指点下和帮助下能初步掌握	一般性地掌握分配的工作和新知识	能较快掌握分配的工作和新知识，理解较深	能迅速掌握分配的工作和新知识，理解深刻		
绩效结构	产品质量	经常出错，质量低下	偶尔有错，质量较差	质量一般	不出错，质量较高	从不出错，质量高超		
	工作任务	不能完成定额的工作任务	在同事的催促和帮助下基本完成	能基本独立完成	能按时完成，有时能超出	总是非常出色地完成所有的任务		
	测评分总计							

3. 班组长工作能力自我测评（表8-4）

表8-4　班组长工作能力自我测评表

序号	项目内容	评价			
1	接受指示或被委托的工作，总是在员工催促之前就完成，并提出了详细报告	A	B	C	D
2	能够将工作上的"坏消息"及自己的失误毫不犹豫向上级报告				
3	所做的报告和联络，要点明确，向员工传达的信息简略、确实				
4	所做的报告中，将实际发生的事和自己的推测、意见明确分开，不让员工误解				
5	及时、仔细、迅速与必要的人联络，不会发生"为什么不早说"的不满				
6	对于送来的指示和请示、联络、委托等，常常是迅速对应，快速反应				
7	写资料、报告简洁并确实				
8	同事在工作上有困惑、延误时，在不影响工作的前提下，积极主动地进行协助				
9	不在背后说他人的坏话，做损害他人的事				
10	即使在征询上级的意见时，也要先阐述自己的想法，然后听上级的指示				
11	虚心听取并考虑他人意见				
12	工作现场生气勃勃，员工工作心情愉快				
13	不管是什么样的工作，都制定明确的、可量度的期限和目标				

注：A—完全合适；B—大致合适；C—一部分合适；D—大部分不合适。

4. 班组长职务胜任度自我测评

把以下各大项都作为100分来计算，看看自己在各个方面的得分情况。具体项目如下。

（1）对下属的把握

① 准确把握每位员工的能力与水平高低。（20分）

② 决定员工岗位时，仔细考虑个人的能力。（15分）

③ 决定员工岗位时，仔细考虑个人的性格。（15分）

④ 测定所有员工的工作成果（业绩）。（10分）

⑤ 对每个作业者进行评价时，不只是单纯考虑工资和晋级，也考虑应该对其所培训的内容。（10分）

⑥ 不仅仅是现场集中训练，更要针对每位员工的特性进行个别训练。（10分）

⑦ 不仅仅是工作关系，要积极与每位员工个别接触，创造良好的人际关系。（10分）

⑧ 认真处理既定的日常人事管理工作。（10分）

（2）对班组的基本管理

① 及时向员工传达来自企业的指示和信息，并使其得到理解。（15分）

② 经常汇集员工的要求、意见和建议，向企业方面提出（15分）

③ 完全领会上级的指示精神，并对员工进行传达解说。（15分）

④ 将在执行工作中得到的信息和想法主动提供给上级。（15分）

⑤ 需要上级协助的时候，向上级请示，并努力争取上级的合作和支持。（20分）

⑥ 使所管理的现场人际关系融洽，士气高昂。（20分）

（3）对日常工作的管理

① 比任何人对自己管理的现场都了解得详细。（20分）

② 对于每天的工作安排，当日特别应该注意的事项，必须自己亲自明确指示。（15分）

③ 对于正在进行的工作，有无延迟、停顿、品质问题等异常，要非常留意。（10分）

④ 全面记录、研讨、分析每个员工的产量、品质状况。（15分）

⑤ 发生异常情况时，能够迅速进行处理，并向相关人员汇报。（15分）

⑥ 对于每天的工作改善，自己全身心投入。（15分）

⑦ 从管理岗位上所得的技术、经验经常总结，并能够向上级提出自己的想法和建议。（10分）

（4）对物料的管理

① 在领取物料时，自己设定基准，努力使库存控制在最低点。（30分）

② 周全且缜密地监控全部物料，使其被正确保管与处理。（30分）

③ 不断进行改善油脂类物料和辅助材料的使用方法。（40分）

（5）对设备的管理

① 认真进行设备的日常保养。（20分）

② 明确有关设备的工作状态，检查异常点。（20分）

③ 掌握有关设备的运转情况，进行科学合理的运转管理。（20分）

④一旦发现设备异常，应迅速进行应急处理，并立即报告相关部门。（20分）

⑤有关设备的性能、构造、规格的改进意见，向设备部门和技术部门提出有效方案。（20分）

（6）班组安全管理

①细致掌握与现场设备、工作等有关联的安全情况。（20分）

②日常认真检查各个设备的安全问题。（15分）

③认真检查材料、半成品、油脂及其他各种物品的配备情况。（10分）

④从安全方面认真检查设备的运转、物品处理等工作方法。（10分）

⑤对于现场周围的安全状况也要进行彻底检查。（10分）

⑥对新员工上岗时，一定进行全面的安全培训。（20分）

⑦当发生灾害时，首先要做好人身安全的保护工作。（15分）

（7）作业环境管理

①制定现场的整顿、清扫等工作的标准，让全体人员都能按标准实施和判定自己的工作情况。（20分）

②设定噪声的影响标准，把危害降到最低。（20分）

③设定粉尘的影响标准，把危害降到最低。（20分）

④设定废气的影响标准，把危害降到最低。（20分）

⑤设定高温的影响标准，把危害降到最低。（20分）

（8）信息交流与人际关系

①率先对其他部门或班组提供信息和意见，密切相互之间的关系。（30分）

②与其他班组长交换工作中的相关信息。（30分）

③提高效率、提升品质，必要时主动寻求其他班组的援助。（40分）

第二节　自我塑造，不断提升

一、努力学习，时时充电

1. 班组长必须加强业务学习

卓越班组长必须具备有较高的文化水平、较宽的知识面、较强的专业技能、较好的组织协调能力，还要有一定的领导决策能力和政治素质，涵养更是不可或缺。自身没有过硬的技术是不能服人的，要利用业余时间多学习，工作时间多实践，遇到问题多思考，日积月累，积少成多，把自己锻炼成本专业的专家，处理问题的行家。

班组长是班组的带头人，如果不能熟练掌握业务技能，不仅降低了在职工心目中的权威性和影响力，更让作业质量、生产安全得不到保证。班组长以什么样的态度对待自身的业务学习，决定了班组长会带领本班职工以什么样的态度从事生产。

2. 尽快学习业务知识

班组长必须有丰富的知识，才能完成上级交代的工作。这些知识与学校所学的有所不同，学校所学的是书本上的死知识，而工作所需要的是实践经验。当上级分配你某件工作时，首先你必须进行事前的准备，也就是拟订工作计划，无论是实际做出一个计划表，还是仅有一个腹稿。总之，你需要对整个工作的进行，排出日程、进度，并拟定执行的方法等，如此才能提高工作效率，成为上级眼中的好职员。

3. 要善于总结、善于学习、善于思考

班组长要经常总结自己的班组工作，方方面面、条条块块，每个阶段、每件事情都要及时全面总结，从中发现成功和不足、经验和教训，通过反思、总结，继而提炼出对工作有帮助的东西，然后加以推广和发扬。

还要善于思考。思考应当是全方位的，做事情之前的构思、计划与决策，过程中的监督、分析与比较，以及事后的检查与总结，都需要进行系统的思考。俗话说，不打无把握之仗，要目标明确、准备充分、有的放矢，才能赢得最终的胜利。

4. 学点班组管理知识

卓越班组长要掌握一定的管理知识。班组长除了带领全班人员做好日常生产运行、设备检修外，还必须做好班组的日常管理工作，使班组工作有条不紊地进行，不仅保证工作环境井然有序，还要管理富有特色。要做到这些就必须具备一定的管理知识。

5. 学点法律常识

（1）学习法律的作用

班组长认真学习法律知识，用法律武装头脑，使自己能够自觉运用法律武器，既维护企业和员工的利益，同时也不损害国家和他人的利益，使市场经济真正成为法制经济。在市场经济中，如果不懂法、不知法，使企业、自身、员工遭受损

失，必然会影响企业的发展。所以，班组长认真学习法律知识，掌握相关法律规定和法律程序，是很有必要的。

（2）学习什么法律

① 《全民所有制工业企业法》；

② 《集体所有制企业法》；

③ 《私营企业法》；

④ 《外商投资企业法》；

⑤ 《公司法》；

⑥ 《合同法》；

⑦ 《产品质量责任法》；

⑧ 《劳动法》；

⑨ 《安全生产法》。

6. 学些急救常识

班组长除了要参加企业安全意识培训外，还要掌握基本的安全防护和紧急救助知识。具体包括以下基本内容：

① 现场急救常识；

② 中毒现场急救方法；

③ 化学灼伤急救方法；

④ 现场自救与逃生知识。

二、培养能力，自我塑造

人是社会群体中的人，是别人影响下的人，是可以自我塑造的人。在职场上，在生活里，在人与人的交互往来中，人可以通过自我修炼达到一定的人生高度。作为班组长，必须虚怀若谷，努力学习，不断提升自己的工作能力和道德修养。

1. 培养能力

一个卓越的班组长，首先就要具备基本的才能。那么什么是班组长的基本能力呢？那就是传达力、影响力、协调力、引导力。

① 传达力。作为一个班组长，上有厂长经理、车间主任，下有班组成员。承上，是企业制度、决策、目标、任务的传达者、落实者；启下，又是带领员工执行企业制度、决策和落实目标、任务的第一人。上级的命令，班组长要正确传达给班组成员，其传达方式及对命令的理解程度，直接影响到班组成员对命令的理

解程度，以及工作的热情、工作进度和工作效果。同样，班组成员对企业上层的要求、对工作的看法，也要由班组长上传给上级。这种上传下达并不是一个简单的传话筒，而是要求班组长正确地理解上级的指示精神和下属的合理要求，良好的上传下达能力是班组长说服力、沟通力、影响力的集中体现。

② 影响力。影响力是一个班组长综合实力的根本体现，包括班组长的办事能力、交际能力、处理问题的应变能力。

首先，班组长必须是业务骨干，如果业务能力不冒尖，影响力就会打折扣。要有较强的影响力，班组长还必须坚持原则，言行一致。

其次，卓越班组长要身先士卒，冲锋在前，享受在后。如此，才能服人、正人，赢得员工的心。俗话说，喊破嗓子不如做出样子。只有以身作则，才能起到事半功倍的效果。如果夸夸其谈，不学无术，就会使下属失望，导致团队一盘散沙。

再次，班组长的言谈举止、衣着形象、人品魅力都很重要，要争取获得上级的赏识，以利于开展工作。

总之，影响力不是空洞的概念，它的内涵是班组长的才干和能力，班组长只有用自己的真才实学赢得上级青睐和班组成员的拥戴，只有努力学习，以实际行动感召大家，影响力才能自然而然产生。真正的影响力来自信任，而不是承诺或威胁。

③ 协调能力。作为一个班组长，上下左右都需要打交道，需要与方方面面进行合作，需要方方面面的支持和帮助，这就需要较强的协调能力。

班组长的协调能力最重要的是班组内部协调，这就要求班组长掌握班组成员的性格特征，要根据每个人的性格特征因人应对。有的人吃软不吃硬，有的人吃硬不吃软；有的人自尊心很强，有的人嘻嘻哈哈对什么都满不在乎；有的人性情温和，有的人脾气火暴。这就要求班组长平时细心观察，了解、掌握每个人的性格特征，然后根据其性格特征选择合适的方式、方法去与之沟通交流。

④ 引导能力。班组要完成班组任务，就需要大家共同努力。这就需要班组长的引导力。班组是班组成员智力、能力互补的一个整体，只有协调行动才能产生 1＋1＞2 的效果，如果发生内耗，就会使团队无所作为。所以，作为班组长，要善于发挥引导力，要激发班组成员的潜能，以自己良好的表现引导班组取向。

班组长要善于营造一种协作、平等沟通的文化氛围，放大集体的智慧，以开放的心态欢迎批评和面对冲突，决不放弃寻找最好的解决问题的方法。在班组中彼此欣赏，互相鼓励，以取得班组成员的共同发展和进步。

作为团队，班组的成功不是个人的成功，而是组织的成功，只有团队的成功，才能有效达成团队目标，班组长也才能从优秀变成卓越。

2. 自我塑造

如何把自己培养成一个卓越班组长？作为一个班组长，你的未来其实把握在你自己手上，你只能通过自己的努力获得成功，改变命运。

清晰地规划目标是人生走向成功的第一步，但塑造自我却不仅限于规划目标。要真正塑造自我和自己想要的生活，必须付诸行动。以下方法可以帮你塑造一直梦寐以求的自我。

① 树立长远目标。这是迈向自我塑造的第一步。要有一个你每天早晨醒来为之奋斗的目标，它应是你人生的目标。远景必须即刻着手规划，而不要往后拖。你随时可以按自己的想法做些改变，但不能没有长远的人生目标。

② 离开舒适区。不断寻求挑战激励自己，提防自己躺倒在舒适区。舒适区只是避风港，不是安乐窝。它只是你心中准备迎接下次挑战之前刻意放松自己和恢复元气的地方。

③ 把握好情绪。人开心的时候，体内就会发生奇妙的变化，从而获得阵阵新的动力和力量。但是，不要总想在自身之外寻开心。令你开心的事不在别处，就在你身上。因此，找出自身的情绪高涨期，并不断激励自己。

④ 调高目标。许多人惊奇地发现，他们之所以达不到自己孜孜以求的目标，是因为他们的主要目标太低，而且太模糊不清，使自己失去动力。如果你的主要目标不能激发你的想象力，目标的实现就会遥遥无期。因此，真正能激励你奋发向上的，是一个既宏伟又具体的远大目标。

⑤ 加强紧迫感。班组长一般年龄不大不小，但是千万不要想到自己还年轻，还有很长的时间，只有危机能激发我们竭尽全力。我们往往会追求一种舒适的生活，努力设计各种越来越轻松的生活方式，使自己生活得风平浪静。其实，日子一天天过去，不知不觉，自己很容易就错过了最佳的学习时间。必要的时候，应该给自己一些压力，比如，想象一下我们仅剩下短短的几年时间，会做什么呢？紧迫感是塑造自我的重要心理。

⑥ 撇开朋友。对于那些不支持你目标的"朋友"，要敬而远之。你所交往的人会改变你的生活。结交那些希望你快乐和成功的人，你就在追求快乐和成功的路上迈出了最重要的一步。对生活的热情具有感染力，因此同乐观的人为友，能让我们看到更多的人生希望。

⑦ 迎接恐惧。如果一味想避开恐惧，恐惧会像疯狗一样对我们穷追不舍。战胜恐惧后迎来的是某种安全有益的感受。哪怕克服的是小小的恐惧，也会增强你对创造自己生活能力的信心。

⑧ 做好调整计划。实现目标的道路绝不是坦途，它总是表现为一条波浪线，

有起也有落。但你可以安排自己的休整点，即使你现在感觉不错，也要做好调整计划。这才是明智之举。在自己的事业高峰时，要给自己安排休整点，安排出一大段时间让自己冷静一下，即使是离开自己挚爱的工作也要如此。只有这样，在你重新投入工作时才能更富激情。

⑨ 直面困难。每一个解决方案都是针对一个问题的，方案和问题两者缺一不可。困难对于脑力运动者来说，不过是一场场艰辛的比赛。

真正的运动者总是盼望比赛。如果把困难看作对自己的诅咒，就很难在生活中找到动力。如果学会了把握困难带来的机遇，你自然会产生强大的动力。

⑩ 感受快乐。多数人认为，一旦达到某个目标，会感到身心舒畅，但问题是你可能永远达不到目标。把快乐建立在还不曾拥有的事情上，无异于剥夺自己创造快乐的权利。要有良好的感觉，让它使自己在塑造自我的整个过程中充满快乐，而不要再等到成功的最后一刻才去感受属于自己的欢乐。

⑪ 加强排练。先"排演"一场比你要面对的还要复杂的战斗。如果手上有棘手活而自己又犹豫不决，不妨挑件更难的事先做。生活挑战你的事情，你一定可以用来挑战自己。这样，你就可以自己开辟一条成功之路。

⑫ 立足现在。锻炼自己即刻行动的能力，充分利用对现时的认知力，不要沉浸在过去，也不要沉溺于未来，要着眼于今天。当然也要有构建梦想、筹划和制定创造目标的时间。不过，这一切就绪后，一定要学会脚踏实地、注重眼前的行动。要把整个生命凝聚在此时此刻。

⑬ 敢于竞争。竞争给了我们宝贵的经验，无论你多么出色，总会人外有人。所以你需要学会谦虚。努力胜过别人，能使自己更深地认识自己；努力胜过别人，便在生活中加入了竞争"游戏"。不管在哪里，都要参与竞争，而且总要满怀快乐的心情。最终要明白超越自己比超越别人更重要。成功的真谛是：对自己越苛刻，生活对你越宽容；对自己越宽容，生活对你越苛刻。

⑭ 加强内省。大多数人通过别人对自己的印象和看法来看自己。了解别人对自己的反映是应该的，尤其正面反馈。但是，仅信别人的一面之词，把自己的个人形象建立在别人身上，就会面临严重束缚自己的危险。因此，人生的棋局该由自己来摆。不要从别人身上找寻自己，应该经常自省并塑造自我。

⑮ 不怕犯错。错误并不可怕，只有什么事都不做的人，才不会犯错。有时候我们不敢做某件事，是因为我们没有把握做好。没有把握也可放手去做，经验教训的积累也是成功的要点。

塑造自我的关键是甘做小事，但必须立刻就做。塑造自我不能一蹴而就，而是一个循序渐进的过程。这儿做一点，那儿改一下，将使你的一生发生改变。只有重视今天，自我激励的力量才能汩汩不绝。

三、如何提高自己的情商

情商（EQ）又称情绪智力，它主要是指人在情绪、情感、意志、耐受挫折等方面的品质。包括五大能力：第一，自我认知；第二，自我管理；第三，自我激励；第四，认知他人情绪的能力；第五，人际关系处理能力。科学家研究表明，在一切成功的要素中，智商大约只占 20%，出生环境、机遇等占 20%，剩下的 60% 依靠的是情商。所以，班组长要注重情商的发展。

1．情商高低的判别

（1）高情商的表现

① 尊重所有人的人权和人格尊严；

② 不将自己的价值观强加于人；

③ 对自己有清醒的认识，能承受压力；

④ 自信而不自满；

⑤ 人际关系良好；

⑥ 善于处理生活中遇到的各方面的问题。

（2）较高情商的表现

① 是负责任的"好"公民；

② 自尊；

③ 有独立人格，但在一些情况下易受别人焦虑情绪的感染；

④ 比较自信而不自满；

⑤ 较好的人际关系；

⑥ 能应对大多数的问题。

（3）较低情商的表现

① 易受他人影响，自己的目标不明确；

② 比低情商者善于原谅，能控制大脑；

③ 能应付较轻的焦虑情绪；

④ 把自尊建立在他人认同的基础上；

⑤ 缺乏坚定的自我意识；

⑥ 人际关系较差。

（4）低情商的表现

① 自我意识差；

② 无确定的目标，也不打算付诸实践；

③ 严重依赖他人；

④ 处理人际关系能力差；

⑤ 应对焦虑能力差；

⑥ 生活无序；

⑦ 无责任感，爱抱怨。

2. 情商的品质与提高

那么，情商包括哪些内容呢？如何提高自己的情商？以下介绍的是情商的几种主要品质，以及如何提高这些品质。

① 自我认识能力。一个人对自己感情的认识能力是感情智力的基础。谁能够更好地把握自己的感情，谁就能更好地驾驭生活。要开发自我认识能力，需要随时注意自己的直觉。直觉可能在你未觉悟到时就发生了。通过下意识的努力，可以提高人对直觉的自知力。

② 自我激励。兴趣、热情和信心等情感的激发，是取得成功的关键。调查表明，各个领域的杰出人物有一个共同特点，这就是激励自己坚持不懈地进行努力。为了成功就要不断激励自己，需要有明确的目标和乐观的态度。悲观主义把失败解释为"我真无用"，而乐观主义者却理解为"可能是我的方法不对头"。由于乐观主义者将失败归咎于当时所处的形势而不是自己的无能，因而激励自己去进行下一次尝试，直到取得成功。成功者与失败者心态对照见表8-5。

表8-5　成功者与失败者心态对照

序号	状况	成功者	失败者
1	犯错时	我错了，要改进	这不是我的错
2	成功时	归功于幸运与全体努力	归功于自己
3	失败时	努力不够，方法不好	运气不好，别人配合不好
4	问题	面对它，找办法	逃避它，找借口
5	坚持与妥协	事情坚持，自己利益妥协	事情妥协，自己利益坚持

③ 情绪调整。情绪不论好坏都是为生活调味，也构成一个人的性格。要调整的是情绪的平衡能力。人们很难控制不受感情冲击，但可以控制其持续时间。散步、运动、独处或其他分散注意力的方法都可以调整或控制情绪。

④ 控制冲动。感情自我调整的本质是延缓冲动的能力。人生就像摘桃子，太急躁只能收获青涩，太慢桃子就烂了，不早不晚的时机需要观察和等待。所以，人要善于控制自己的冲动，等待时机，急于求成反而欲速则不达，遭到挫折。

⑤ 良好的人际关系。一个人的成功，离不开周围人的帮助和支持。如果遇到了挫折和失败，更需要重新积聚资源才有可能东山再起。俗话说："一个篱笆三个

桩，一个好汉三个帮"，拥有良好的人际关系网的人，与朋友或专家建立了可依赖的关系，一旦需要帮助，就能够得到各方面的支持，容易走出失败的阴影，成功的可能性就更大了。

四、如何提升自我管理能力

如果你已经确立了自己的方向，在塑造自我的过程中，就要抓住机会进行自我管理能力提升。以下方法值得参考：

① 遇到问题勤于思考，多备解决方案；

② 多向上级学习，了解上级对自己的要求；

③ 平时学习一些关于管理方面的书籍；

④ 在工作当中提高对自我要求；

⑤ 依靠工作年限来提高工作经验和管理水平；

⑥ 以身作则，同时严格要求下属；

⑦ 总结自己的缺点，加以改进；

⑧ 学习、观察、实践；

⑨ 接受新事物、新理念，不固步自封；

⑩ 多参加公司开设的管理培训、技能培训等各种培训活动；

⑪ 多听取同事对自己个人的意见，有错误敢于及时纠正；

⑫ 自修。

自我能力提升情况测评见表8-6。

表8-6　自我能力提升情况测评

能力类型	内　容	经常	偶尔	从不
目标志向能力	1. 经常订立长期、短期目标并向它发起挑战			
	2. 达到目标后，向下一目标挑战			
	3. 预测将来趋势，努力达到目标			
	4. 制订具体的计划，以达到目标			
	5. 在了解公司方针基础上订立部门目标			
	6. 实行有计划的生活方式			
	7. 以行动来配合目标意识			
	8. 制订的目标不是太低，必须付出很大努力才能达成			
	9. 让下属也拥有自己的目标			
	10. 应用目标管理			

能力类型	内　容	经常	偶尔	从不
组织能力	1. 根据下属的能力来分配工作			
	2. 掌握每个下属的优缺点			
	3. 积极承担困难工作			
	4. 促进团队精神			
	5. 良好授权			
	6. 下属的报告与联络完善，对其查核彻底			
	7. 不会为了自己方便而把能干的下属固定在职位上			
	8. 不过度干涉			
	9. 不管结果如何都能承担责任			
	10. 与其他部门配合默契			
管理能力	1. 业务知识丰富			
	2. 能正确掌握现状			
	3. 对信息有取舍的能力			
	4. 决策时不犹豫不决，延误战机			
	5. 钱物管理完善，不浪费			
	6. 执行业务时能做到迅速、准确、简单、经济			
	7. 能向上级提出建设性的意见			
	8. 与关系者或交易商交涉时能有前瞻性			
	9. 谈判时不感情用事			
	10. 做事有恒心			
培育下属能力	1. 能使下属具有问题意识及工作欲望			
	2. 能正确评价下属的能力及适应性，并导向正确的方向			
	3. 能正确地掌握每一下属的优缺点，并告诉他们			
	4. 能利用刺激或更换工作的方法—消除职业倦怠			
	5. 能明确提出目标并促使达成			
	6. 能积极透过实际工作培育下属			
	7. 适当放权			
	8. 有意提升下属			
	9. 计划性地与下属沟通			
	10. 斥责下属会注意场所及时机			

能力类型	内　容	经常	偶尔	从不
人性魅力	1. 对待工作及生活都很认真			
	2. 知识面广			
	3. 开朗、幽默			
	4. 情绪安定、沉静			
	5. 谦虚并热心倾听别人的谈话			
	6. 不出卖别人，值得人坦诚相待			
	7. 做事小心谨慎			
	8. 具有上进心			
	9. 内涵丰富			
	10. 努力想让自己更有魅力			
自我革新能力	1. 目标明确并付诸努力			
	2. 有能力避免职业倦怠			
	3. 保持好奇心			
	4. 善于调节情绪			
	5. 肯挑战体力及能力的上限			
	6. 自动挑战困难			
	7. 每天都能设法诱导自己行动			
	8. 每日自我反省并自我充实			
	9. 肯为自己的将来投资			
	10. 有计划地、持续地自我启发			
感想				

五、如何提高职业综合素质

职业综合素质决定一个职业人在职场的成功。班组长作为职业人，自我塑造的首要任务就是塑造自我的职业综合素质。

1. 职业形象

包括职业着装、商务礼仪等。这将最直接地体现一个人的职业素养，简要概括为举止得体、仪表大方、谈吐温文尔雅。

2．职业道德

正直诚信，注重职业形象、行业声誉，"规规矩矩做事，堂堂正正做人"。

3．职业技能

包括：时间管理能力、有效沟通能力、客户服务能力、分析问题与解决问题的能力等。

4．全局观念

公司的每个部门和每个岗位都有自己的职责，但总有一些突发事件无法明确地划分到部门或个人，而这些事情往往是比较紧急或重要的。作为职业人应该从维护公司利益的角度出发，积极地去处理这些事情，并负担起责任。

5．时间观念

一个没有时间观念的人会让人没有信任感，必须注重这样一些方面：遵守上班时间、会议时间、同外公司的人约定的时间。

6．心理素质

面对工作中的挫折、差距、失败、否定，能够自我调整，并保持平衡心态。

7．适应能力

能够迅速适应环境的变化，不断创新和提高自己。未雨绸缪，防患于未然，有强烈的危机意识。

8．成本意识

为了公司利益，做事考虑工作效率和工作成本。

9．角色认知

对上级的决策不盲从。如有不同意见，应坦陈自己的观点、见解。即使不被采纳，也不可指责和抵触，而应适应与合作，不折不扣地执行。

10．有效沟通

懂得面对不同的沟通对象，选择合适的沟通方式，并懂得沟通的基本要素：表述、倾听与反馈。

（1）与主管沟通

① 主动与上级主管就下一步工作打算进行沟通，以便统一思路，提高效率。

② 懂得复命：完成上级部署的工作任务后，应向上级反馈工作结果，而不是被动地等待上级过问。

（2）内部沟通

在推进工作的时候，和企业内部相关部门的人员保持沟通，以便取得支持。

（3）外部沟通

主动与客户联系，并将客户反馈情况及时传达给主管经理或相关同事。

11．注重原则

处理工作中的冲突应控制情绪，运用对事不对人的原则。

12．团队精神

简化关系，避免是非；将同事关系定位为工作伙伴，不以私人感情影响工作关系；能够在团队中找到自己合适的角色定位，与其他成员一起为团队发展做出自己最大的贡献，实现团队的目标。

13．工作与生活

善于将工作与生活分开，不将生活中的负面情绪带到工作中，也不因工作压力影响了生活质量。

第三节

建立现代五型班组

一、什么是"五型班组"

"五型班组"就是学习型、安全型、环保型、团队型、和谐型班组。这"五型"单从字面上来理解，它们是独立的，而在建设"五型班组"过程中，它们是互相依赖、相辅相成的。"五型班组"体现了新时期班组建设的基本目标和发展方向。

1．学习型班组

今天的学习力是明天的实力、功力和竞争力。学习型的班组首先有一个积极学习的氛围，然后，有学习的渠道和方法，并能积聚智慧，产生积极学习的成果。具体要求如下。

① 班组长带头，班组的大部分人都爱学习，能挤出时间学习；

② 有明确的学习计划和目标，做到学习与工作相互渗透，有创新成果；

③ 班组有场地、设施和学习园地，工作之余可以学习；

④ 有理论、实物、样板等可以指引学习；

⑤ 有交流活动的载体，如网络、会议、墙报等；

⑥ 有可行的学习制度与激励机制，鼓励全员积极学习。

2. 安全型班组

安全是现场管理的前提基础，是班组长必须担负起的责任。安全型班组的要求如下。

① 打造班组的安全管理格局，如现场、流程、工艺、物品、器具等部是低风险并可控的，都要具有足够的安全保障性；

② 我要安全、我会安全、我能安全，班组人员自觉遵守各项制度规程；

③ 严格落实安全岗位责任制，杜绝违章作业，侥幸心理；

④ 做到"三不伤害"（不伤害自己、不伤害他人、不被他人伤害）；

⑤ 班组安全教育培训有计划、有记录、有考核，持证上岗率100%；

⑥ 及时、准确地填写巡检记录、交接班记录、安全活动记录等；

⑦ 做好危害识别和风险评估，制订应急预案，及时发现并消除事故隐患，实现班组"零伤害、零损失、零事故"。

3. 环保型班组

班组成员具有环保理念，工作中始终保持清洁和节约，主要包括：清洁生产、现场清爽、三废达标、能耗最低。具体要求如下。

① 班组成员具有环保意识，能自觉保持清洁、节约；

② 落实环保目标责任，现场环境管理水准达到属地行政管理要求；

③ 定期开展环境监测和报告，三废（废水、废气、废渣）稳定达标；

④ 文明清洁生产，做到窗明几净、物放有序、行为规范、仪态得体；

⑤ 注重技术创新、提高质量、降低成本、优化服务；

⑥ 从大处着眼、小处着手，做到快速响应、必达结果；

⑦ 定期开展环保考核评比，实现良性竞争、协作共赢。

4. 创新型班组

创新型班组建设主要反映在工艺改革和科研创新上。具体要求如下。

① 班组长要组织班组成员定期开展科研活动，讨论各种操作方法在不同操作环境下的应用，各种方法的联合应用，以及工艺创新方法和工具的设计；经常组

织班组成员开展技术比武，强化新技术的应用效果。

② 班组长要带领班组成员积极参加新技术培训，把握本岗位工艺的新方向和新要求，及时调整工作计划和学习内容。

③ 班组长要带领班组成员对工作中存在的问题进行讨论和交流，利用业余时间认真钻研，不断解决问题，不断提高技术水平。

5. 和谐型班组

和谐是一种状态，也是一种境界。在班组的具体表现首先是每个成员承受的压力小，最起码能扛得起；其次是成员之间亲密无间、相互帮助；再次是内部矛盾可控，无内耗、内讧；目的是达到 1+1 ≥ 2 的效果。具体要求如下。

① 班组的风气正，真善美占上风；成员爱护班组，有荣誉感；

② 班务公开，确保员工权益得到保障；

③ 班组成员自觉遵守职业道德规范，工作中能协作，生活上能互助；

④ 无恶意违法违纪行为，无肆意越级申诉；

⑤ 文化修养比较好，相互之间能尊重、理解、关心、帮助；

⑥ 班组的特色或文化鲜明，员工队伍稳定；

⑦ 班组成员士气高涨，工作成绩出色，并且能够正确对待业绩考核，做到公平公正。

二、如何建设"五型班组"

五型班组建设需要安全文化，安全文化也只有与班组建设的实践相结合，才能充满生机和活力。下面依据五型班组生产活动的特点，并结合工作实践，简要介绍五型班组建设的方法和步骤。

1. 学习型班组的建设

班组长要带领班组成员围绕职业道德、专业知识、操作技能展开学习活动。

① 在职业道德学习中，要积极学习实践科学发展观，将理论知识实践化、具体化，最终落实到兢兢业业的工作中。

② 在专业知识学习中，班组的成员除了深入钻研专业知识之外，还要经常学习本领域内和相关领域最新知识和前沿知识，针对某一专题定期组织讨论活动，相互激发，拓宽视野。

③ 在操作技能学习中，老员工要挑起对新员工"传、帮、带"的大梁。通过岗前督促、岗位实操、岗后指导的方法，努力提升新员工的技术水平。

此外，班组长要带领班组成员积极参与企业举行的各种学习会，认真学习，不迟到早退。班组内要形成努力学习的氛围，组员要不断拓展自己的知识。

2. 安全型班组的建设

① 班组长要组织班组成员认真学习企业的各项安全管理规定，将安全管理、安全工作规范化、制度化，使各班组成员从思想认识上引起重视，在控制能力上过关。

② 对一些常见的安全隐患和安全问题，如用电问题、防火防盗问题，班组长要常抓不懈，做到每位员工都能独立发现，灵活处理，起到了防微杜渐的效果。

3. 环保型班组的建设

① 班组长要做班组节约的表率，约定大家相互提醒，倡议节约每一张纸，每一度电，每一滴水；杜绝长明灯、长流水的现象。

② 进一步科学化管理工作现场、机房、设施设备，要定期对所辖各类设备进行检查和保养，减少元器件损耗，延长使用寿命。

③ 班组长要带领班组成员开展以节约为主题的小组活动，通过言传身教，进一步增强员工爱护公共财物的意识，减少因使用不当、故意破坏等造成的损失。

④ 班组成员具有环保意识，能自觉保持清洁，培养节约的习惯。

⑤ 落实环保目标责任，现场环境管理水准达到企业 5S 管理要求。

⑥ 文明清洁生产，做到窗明几净、物放有序、行为规范、仪态得体。

4. 创新型班组的建设

① 要强化岗位技能的传承，提升整体的技能水平。推行"师徒帮带""师徒技能捆绑"公开经验技术，人员进行分组、结对，技能高的带技能低的，同时实行捆绑考核、捆绑绩效，让师傅肯教，徒弟主动学，把基础打扎实了。

② 要在班组整体层面上，实现对技能岗位技能知识和标准的总结，形成班组技能经验，使每一批新人在较短的时间内实现岗位胜任，加大不同岗位之间的经验交流，全方位了解技能岗位技能知识。

③ 要注重创新平台的搭建，注重员工发挥创造性，鼓励班组成员集思广益，用创造性的思维方式去立足本职岗位，开展创新活动。将创新工作从自发性转化为制度约束的自觉性，人人参与。同时给予有关创新的人员和项目一定的物质和精神支持，给他们搭建一个充分施展才能的平台。

④ 要统筹协调发挥团队作用，集体攻关配合完成创新难题。个体的能力是有限的，要想从整体上实现处处创新，就需要发挥团队协同作用。按照创新内容组建协作团队，班组长积极主动带领团队，发挥团队作用实现难点难题攻关。

5. 和谐型班组的建设

① 班组要制定健全的民主管理制度，确保每位员工能在工作中严格执行各项规章制度，班组能做到赏罚分明。

② 班组成员之间要做到相互学习，有序竞争，协调发展。每位员工要在工作中相互帮助，相互体谅，重视班组集体利益，从而增强班组团队合作精神。争取在班组团队中树立勤业敬业，乐于奉献的员工榜样。

③ 班组长要合理安排每日工作，统筹兼顾，使班组工作氛围良好。此外，班组长要组织班组成员，利用休息时间开展各种文体活动，如象棋比赛、乒乓球比赛等，增强员工集体向心力。

参 考 文 献

[1] 杨剑 . 优秀班组长工作手册 . 北京：中国纺织出版社，2012.

[2] 曾明彬 . 金牌班组 . 广州：广东经济出版社，2008.

[3] 张亚琦 . 基层班组长手册 . 北京：中国商业出版社，2005.

[4] 任国友 . 如何当好班组长 . 北京：化学工业出版社，2007.

[5] 侯章良，王波 . 金牌班组长速成手册 . 广州：广东经济出版社，2009.

[6] 潘林岭 . 新现场管理实战 . 广州：广东经济出版社，2003.

[7] 韩展初 . 现场管理实务 . 厦门：厦门大学出版社，2002.

[8] 李广泰 . 杰出班组长 . 深圳：海天出版社，2013.

[9] 李景元 . 现代企业现场管理 . 北京：企业管理出版社，2001.

[10] 李永华，雷镇鸿 . 最新工厂管理实务 . 深圳：海天出版社，2002.

[11] 邱绍军 . 现场管理36招 . 杭州：浙江大学出版社，2006.

[12] 杨剑 . 班组长实用管理手册 . 广州：广东经济出版社，2013.

[13] 杨剑 . 班组长实用现场管理 . 广州：广东经济出版社，2013.

[14] 李飞龙 . 如何当好班组长 . 北京：北京大学出版社，2003.